U0463046

山海经

图译

张华 绘译

长江出版传媒 崇文书局

山海经图译

目录

目录

五藏山经

海荒经

前言

张 华

01 《山海经》的古与今

　　《山海经》问世始于先秦，是先秦文献的代表性作品之一，也是以讲述神话传说形式出现的最古老的地理书，被世人喻为"天下第一奇书"。《山海经》语言艰涩难懂，历代都有方家雅士对《山海经》进行校注或图释，其中以晋代郭璞著《山海经注》、清代郝懿行撰《山海经笺疏》、今人袁珂撰《山海经校注》影响最大。

　　学界普遍认为，《山海经》是先有图后有文的。已知晋代流传的《山海经》即有文有图，有晋代著名诗人陶渊明的"流观山海图"诗句为证，晋郭璞曾作《山海经图赞》。唐代张彦远在《历代名画记》中列举的97种"述古之秘画珍图"中，就有"山海经图"和"大荒经图"的记载。可见古代绘制《山海经》图者大有人在。又，据《中兴书目》载梁张僧繇曾画《山海经图》十卷，宋代校理舒雅于咸平二年重绘的《山海经图》为十卷，可惜其图已亡佚；今所见《山海经图》均为明清图本。明代《山海经（图绘全像）》18卷，为广陵蒋应镐、武临父图，李文孝镌，聚锦堂刊，2册，共74图。明代《山海经释义》18卷，一函四册，王崇庆释义，董汉儒校，蒋一葵校刻，共75图。明代胡文焕《山海经图》收图133幅，清代吴任臣（志伊）《增补绘像山海经广注》图5卷，共144幅。清代汪绂《山海经存》、毕沅《山海经新校正》、郝懿行《山海经笺疏》以及《古今图书集成》所收图均与吴任臣所录相同。然而，由于历史和认知的局限，明清两代所绘《山海经》大都依文而形，未能真实地解读《山海经》的精髓。

　　2000 年，笔者有幸阅读马昌仪先生的《古本山海经图说》，受其启发以《山海经图译》为题，历经 7 年重绘重译《山海经》，被认为是山海学研究的一个亮点。

02 熟知古文字记载的祭祀仪式

　　图译《山海经》必须具备对古文字进行识读的能力，对甲骨文、岩画符号、金文、帛书等载体上的图形能够识别并理解其义。例如，古文字中的"丑"字，时代不同、出处不同，其义也不同。《海外西经》之"女丑"条目曰："女丑之尸生而十日炙杀之，在丈夫北，以右手障其面。十日居上，女丑居山之上。"此处的丑字，有以手遮面之义。甲骨文中的𠃌字纹样，为一只弯曲的手，字像手遮光之形。《说文》曰："丑，纽也。十二月，万物动，用事，象手之形。时加丑，亦举手时也。"段玉裁注《淮南子·天文训》《广雅释言》皆曰："丑，纽也。"《系部》曰："纽，系也，一曰结而可解，十二月阴气之固结已渐解，故曰纽也。"愚意女丑（也称女仞）为上古部族低级女巫，主司冬春更替事。《山海经》中曝干女巫的残酷故事也与丑字有关。故事说由于天干地旱，女巫求雨失败，为平息族民怒火，让女巫承担责任，高级巫觋下令曝干女巫祭天，以祈求降雨。当时巫觋除以"太牢礼""少牢礼"等规格使用牛羊猪等动物做牺牲外，也可用人做牺牲来祭祀。用人祭祀的方法有很多，祭河神用水沉法（投江），祭祀太阳用曝干法，出征用陈尸法。女巫左手被枷在祭台上，由于太阳刺眼，女巫用右手遮颜，故后人记为女丑，所以丑字有遮挡光线之意。晋代郭璞《山海经图赞·女丑尸》曰："十日并熯，女丑以毙，暴于山阿，挥袖自翳。"晋代葛洪《抱朴子·释滞》曰："女仞倚枯，贰负抱桎。"仞，一本作丑。愚以为此故事为遮丑之来源。作为图译者必须对上古祭祀仪式及甲骨文的本义有所了解。

03 知晓上古天文观测知识

众所周知，上古社会的天文观测都由巫觋完成。如《海荒经》中的"夸父逐日""常羲沐月"等耳熟能详的神话故事都是如此，均有历史的影子。《海外北经》中讲述的"夸父逐日"故事是："夸父与日逐走。渴，欲得饮，饮于河、渭；河、渭不足，北饮大泽。未至，道渴而死。弃其杖，化为邓林。"这个故事描述的是在上古大旱时期，夸父族巫觋立竿赶日，求雨寻水的情景。"弃其杖"中的杖，是指巫觋利用立竿见影原理进行时辰观测的一种工具。"化为邓林"，邓林即桃木，是猴图腾夸父族人设立中天建鼓的祭台。《海外北经》又曰："夸父国在聂耳东，其为人大，右手操青蛇，左手操黄蛇。邓林在其东，二树木，一曰博父。禹所积石之山在其（博父）东，河水所入。"邓林并非一片森林，而是二棵树木，夸父以其分别识日出之景和日入之景，是夸父追日使用（追寻太阳从日出到日入的运行规律）的仪器。《说文》曰："杖，持也，从木，丈声。""杖"字的初文就是"丈"字。《说文》又曰："丈，从又持十"。还曰："十数之具也，'一'

为东西，'丨'为南北，则四方中央备矣。"十字是指确定四方和正方位的十字架，是测日授时所不可或缺的仪器。

《海荒经》中的常羲沐月，是描述常羲观测月影以授更时的场景。常羲即常娥的原型。研究测景，就要从常字开始，这里的常是常羲的姓氏。常羲主司月亮观测，制定十二月太阳历，她观月（占月）的地点叫"昌"。"昌"是指一座立体方形的坛，四角立四根石柱，作为游表，坛高三重，坛面为八方九宫形，各置一根石柱作为圭表，中央为主表，也就是昌字上弧线上的天表，它是天齐，天心。常羲在坛上守候在天齐表前观看月亮东西行进的规律，用天齐两侧的长方形表示。"尚"由天齐天穹（山）和坛台"昌"（口）组成。在"尚"或"昌"下，再置天干或天门，这就是"常"，属于迭木架屋造字方法。"昌"即常羲，又作常仪，昌义，在《山海经·海荒经》中有许多关于以臬表观测日月以授天时的描写。如丈夫国，就是专司以人表替臬表以测日月的方国。《周书》曰："人长八尺为丈夫。"上古巫觋作重大事件的授时需要人体高大的男子，以人表代替臬表来观测日影。"代表"一词即来源于此。传播上古时期巫觋日月观测手段，向读者传播上古时期的天文知识，是图译《山海经》之意义所在。

04 认知民族渊源及图腾

图腾（totem）是原始人群体的亲属、祖先、保护神的标志和象征，是人类历史上最早的一种文化现象。原始民族社会生产力低下和对自然的无知，是图腾产生的基础。

　　研究《山海经》是一个既复杂又困难的过程，但可从氏族的图腾作为其切入点。图腾制造者是巫觋，他们知晓各天帝族谱及各族图腾禁忌，如氏族与氏族联盟，便把两族的图腾（动植物）用骨针缝合起来。这就不难理解《山海经》中为什么会出现许多鱼身鸟翅、虎身人首、人首蛇身的兽了。《海内北经》中，"犬封国曰犬戎国，状如犬，有一女子，方跪进柸食"。《淮南子》证实了这一点，曰："狗国在建木东。"这显然带有明显的种族歧视了。犬戎国男子额头两侧有簇头发，似耷拉着的两只狗耳朵，又喜食肉，这可能就是"狗头"一词的来由了。据《伊尹四方令》记载，在昆仑正西，传说盘瓠杀戎王，高辛以美女妻之，并在会稽东海中，封地三百里，生男为狗，生女为美人，于是有了狗封国。此乃神话也。《大荒北经》认为，犬戎是黄帝后裔，并曰："有人曰犬戎，黄帝生苗龙，苗龙生融吾，融吾生弄（一从卞）明，弄明生白犬，白犬有牝牡，是为犬戎。"犬戎是古代西北民族，又称猃狁族、西戎族，活动在今天的陕甘一带。犬戎族在甘肃静宁县威戎（今静宁威戎镇）立都，自称族先是二白犬（传说是两只白毛狼，为一公一母）。犬戎应是人名，属于西羌族，是炎黄先祖的近亲，经常与炎黄族为敌。《后汉书》中有"昔高辛氏有犬戎之寇，帝患其侵暴，而征伐不克"之记载。高辛氏是黄帝的曾孙，尧帝的父亲。《后汉书》还记载："白狼……等百余国，户百三十万，口六百万以上，举种奉贡。"也就是说，犬戎国虽被秦所灭，但其遗族在东汉明帝时建有白狼国。从民族分类说，犬戎就是羌族，有许慎《说文解字》为证，"羌，西戎牧羊人也"。愚以为西戎是春秋时期西部游牧民族的泛称，通过征服或联盟或兼并，这其中有羌族。

满族，原称满洲族，是中国最古老的民族之一，先祖为肃慎国。《海外西经》载："肃慎之国在白民北。有树名曰雄常，先入伐帝，于此取之。"满族崇拜的图腾为海东青（鹰），满旗上的图腾也是海东青，满族入主中原立国后，图腾为龙。龙是牛、猪、鹿、马、鹰等图腾的综合体，很好地体现了多民族的和谐相处。《海荒经》所载匈奴也是一个多民族的加盟国家，族群中所崇拜的图腾分别为虎、马、狼、鹿、羊、牛、鹰等，族群平时化整为零，散居草原，战时化零为整，此为以利攻伐。也就是说，各氏族都有自己的图腾，并将其作为本族标志。匈奴图腾具有团结群体、密切血缘、维系社会组织和互相区别的作用，同时，通过图腾标志，得到图腾认可，受到图腾保护。

05 了解氏族社会分工

上古社会氏族联盟中有着严格的社会分工，并以各自所长，互相帮助。善于打猎的部族为氏族供给肉食，善于打鱼的部族为氏族供给鲜鱼，善于征战的部族就去打仗。为了探究氏族社会分工，就要研究《海荒经》氏族的源流。《海外东经》所载竖亥和《大荒东经》所载王亥，他们同属亥族（即养猪氏族）。亥的甲骨文为字，独体像物字，本意为豕，即猪（见马如森著《殷墟甲骨文实用字典》）。竖亥和王亥的社会分工是不同的。竖亥（又名太章），《海外东经》曰："帝命亥步自东极至于西极，五亿十选（万）九千八百步，竖亥右手把算，左手指青丘北，一曰禹令竖，一曰五亿十万九千八百步。"这里讲述的是虞舜后期，舜之重臣竖亥奉命丈量国土疆域，踏遍中华大地，测量过程中发明土地步尺测量法的故事。竖亥发明了原始的标尺，是地理测量的鼻祖。王亥，或王该，子姓，冥之子，为商部落七世祖，生年不详，夏泄十二年因男女关系被有易族所杀。王亥的王字，因其是养猪氏族主司观测日影的，应从甲骨文中的王字分析，甲骨文中王字为独体字，形像物字。但有的说它像古字中的旺字，有的说它像钺斧，引申为王权。《春秋繁露》记载："古之造文者，三画而连其中，谓之王。"三者为天地人，而参通者谓之王，参通者应为巫觋。《说文》曰："王，天下所归也。"愚以为，王应该为半月形钺斧晷天太阳运行历度仪器，王亥负责掌握太阳每日东升地平、渐向开顶（中高天）再西落地平，这一运行轨迹而形成的固天历变（夜间与白天对应相合昼行周天历盖天图），测量周天度的仪器为钺晷仪，即王的上半部钺形，王中间一竖为量天尺。左右三横即表示三阴三阳，俗称六合历。凡巫觋（男巫）必执圭钺（俗称规矩），这些人皆称王。所以王亥为主司日影测量的巫觋，竖亥则是负责国家土地丈量的官员，因此说，竖亥和王亥的社会分工是有区别的。

　　《海内经》载有流黄辛氏国，《海内西经》载有流黄丰氏国，两国同在一个地域。流黄在今四川境内，但这两个氏族，却是有着不同的社会分工。流黄辛氏国是主司制造兵器的部族，甲骨文为 𝚈，辛的独体像物字，吴其昌释："象斧，属兵器形"。《白虎通·王行》篇云，

"辛，所以煞伤之也"，"必兵刑器始能杀伤"。本义是斧属兵器。斧同钺，所以从甲骨文字形判断，流黄辛氏国是主司兵器制造的氏族，流黄丰氏国为主司礼器供奉的氏族。甲骨文为豐字，像一器盛玉置于豆上之形，以示盛有贵重物品的仪器，有丰满之义。《说文》曰："豐（丰），豆之丰满者也。"豆，古食肉器也。丰乃豆盛玉之形，当为礼器。据此，愚以为该氏族负责祭祀大典的礼器的供奉，为主司礼器的筹办氏族也。

序一

山海经图译

罗运环

武汉大学博士生导师

　　《山海经》是我国先秦典籍中最著名的一部"百科全书"，被誉为"天下第一奇书"。它涵盖了山川道里、神怪畏兽、矿产植物、天文医学等方面的知识，古往今来都有方家图译，但大都依文而形。图译《山海经》必须要有渊博的知识和娴熟的画技，才能充分展示真实的山海经世界。

　　《山海经》共18部，前5部统称为《五藏山经》，后13部称为《海荒经》。张华老师历时数年完成《山海经图译》，得到许多专家的肯定。《五藏山经》与《海荒经》的条目多有重复，这不足为怪，因为《山海经》成书时间在战国，从两汉到明清都有文人校译，从一万多字的原文被好事的文人增校到三万多字，条理不清，文意模糊。但我们利用现代丰富的知识和精良电脑技术去破译，通过重新绘图使其真实展现原貌，让读者了解上古的社会、自然、动物及图腾。

一、山海经图的沿革

　　中国社会科学院马昌仪先生认为《山海经》集地理志、方物志（矿产、动植物）、民族志、民俗志于一身，保存了大量的原始神话。它开中国有图有文的叙事传统的先河，它的奇谲多姿，形象地反映在山海经图中。1500多年前，晋代著名诗人陶渊明有"流观山海图"的诗句，晋郭璞曾作《山海经图赞》，在给《山海经》作注时又有"图亦作牛形""在畏兽画中""今图作赤鸟"等文字，可知晋代《山海经》尚有图。而且，在《山海经》的经文中，一些表示方位、人物动作的记叙，明显可以看出是对图像的说明。如《大荒东经》记王亥："两手操鸟，方食其头。"《海外西经》："开明兽……东向立昆仑上"，等等。可惜陶、郭所见到的《山海经》古图并没有流传下来。

　　唐代，山海经图被视为"述古之秘画珍图"。张彦远在《历代名画记》中列举的97种所谓"述古之秘画珍图"中，就有"山海经图"和"大荒经图"。宋代学者姚宽与当代学者饶宗颐都认为《山海经》是一部有图有文的书。宋姚宽在《西溪丛语》中说："《山海经·大荒北经》：'有神衔蛇，其状虎首人身，四蹄长肘，名曰强良。亦在畏兽书中。'此书今亡矣。"饶宗颐在《〈畏兽画〉说》一文中引姚文曰："《大荒北经》有神兽衔蛇，其状虎首人身，四蹄长肘，名曰强良，亦在《畏兽画》中，此书今亡矣。"饶先生把"畏兽画"一词打上书名号，并说："如姚言，古实有《畏兽画》之书，《山海经》所谓怪兽者，多在其中。"又说："《山海经》之为书，多胪列神物。古代畏兽画，赖以保存者几希！"姚宽所说的"畏兽"二字，显然来源于郭璞据图而作的注，"畏兽书"指的可能便是有图有文的《山海经》，而此书已经失传了。由此可知，《山海经》的母本有图又有文，古图佚失了，文字却流传了下来，这便是我们所见到的《山海经》。历代注家对山海经图的介绍，以清代注家毕沅和郝懿行的论述最详。毕沅在《〈山海经〉古今本篇目考》中有专门的介绍：

　　沅曰：《山海经》有古图，有汉所传图，有梁张僧繇等图。十三篇中，《海外·海内经》所说之图，当是禹鼎也；《大荒经》已下五篇所说之图，当是汉时所传之图也，以其图有成汤、有王亥仆牛等知之，又微与古异也。据《艺文志》，《山海经》在形法家，本刘向《七略》，以有图，故在形法家。又郭璞注中有云"图亦作牛形"，又云"亦在畏兽画中"。又郭璞、张骏有图赞。陶潜诗亦云："流观山海图"。

郝懿行在《山海经笺疏叙》中说：

> 古之为书，有图有说。《周官》地图，各有掌故，是其证已。"《后汉书·王景传》云："赐景《山海经》《河渠书》《禹贡图》。"是汉世《禹贡》尚有图也。郭注此经，而云"图亦作牛形"，又云"在畏兽画中"；陶徵士读是经诗亦云"流观山海图"，是晋代此经尚有图也。"《中兴书目》云："《山海经图》十卷，本梁张僧繇画，咸平二年校理舒雅重绘为十卷……"是其图画已异郭、陶所见。今所见图复与繇、雅有异，良不足据。然郭所见图，即已非古。古图当有山川道里，今考郭所标出，但有畏兽仙人，而于山川脉络，即不能案图会意，是知郭亦未见古图也。今《禹贡》及《山海图》遂绝迹，不复可得。

毕沅、郝懿行为我们勾勒出有图有文的《山海经》母本的概貌，从中可以看出，山海经图至少有下列三种：

（1）古图。毕沅认为，古图有二：其一，《海外经》和《海内经》所说之图是禹鼎图；其二，《大荒经》以下五篇为汉所传图。这两种古图略有不同。

郝懿行也认为古图有二，但与毕说不同。其一为汉世之图，上有山川道里、畏兽仙人，郭璞注此经时并没有看到此图；其二为晋代郭璞注《山海经》、陶潜写诗时见到的图，上面只有畏兽仙人，似乎与最古老的汉世之图也有所不同。

（2）张僧繇（南朝画家）、舒雅（宋代校理）绘画的《山海经图》。据《中兴书目》，梁张僧繇曾画《山海经图》十卷，宋代校理舒雅于咸平二年重绘为十卷。张、舒所绘《山海经图》与郭、陶所见的《山海图》也不相同。

（3）郝懿行所说的"今所见图"，指的是目前见到的明、清时期出现与流传的《山海经图》，明、清古本中的《山海经图》同样"与繇、雅有异"。

毕沅说古图亡，张图亦亡。郝懿行说"《山海图》遂绝迹，不复可得"。指的是传说中的禹鼎图、汉所传图、汉世之图和晋代陶潜、郭璞所见之《山海图》均已亡佚，张僧繇、舒雅画的十卷本《山海经图》也没有流传下来。

三种山海经图中，有两种均已失传，给我们探讨山海经图造成许多困难。因此，要寻找山海经图的踪迹，首先要对历代学者有关《山海经》古图的种种猜测，对失传了的张僧繇、舒雅画的《山海经图》有一个大致的了解，然后对目前所能见到的明清时期出现与流传的各种版本的《山海经图》加以搜集、整理、分类、比较并参考出土的先秦相关图画资料，为尽可能地重现《山海经》古图的风貌，进一步探讨这部有图有文的《山海经》奇书打下扎实的基础。

二、用科学眼光解读《古本山海经图说》

我们知道中国社会科学院马昌仪老师收藏各种版本的《山海经图》达

17 种，版本之间的图形大同小异，均为"依文而形"绘图且神乎其神，我们不难看出，这是华夏巫祝为了恐吓族民而绘制的。古人惜字如金，描述怪异，使读者陷入迷茫。《山海经·海内经》中的记载："有丁令国，其民自膝下有毛，马蹄善走。"古图绘出就是人的身体马的大腿，这就给人很奇怪的感觉。然这是典型的人骑马的重叠形象。丁零族也称敕勒，中国古代民族，属于原始游牧部落，又称高车、狄历、铁勒、丁零（丁灵）。敕勒人最早生活在贝加尔湖附近。留居在原来贝加尔湖一带的敕勒被称为丁零，是我国古代北方少数民族之一，是我国最北的一个勇健善战的游牧民族。丁零族在政治、经济、文化诸方面与中原地区有着密切联系。丁零的南边是匈奴。早在冒顿单于时期，匈奴日益强大，曾经北服五国，其中就包括丁零国。西汉时期，丁零族主要分布在北海（今贝加尔湖）以南的广大地区。东汉时部分丁零南迁。三国时期，原丁零故地"北海之南，自复有丁零"。丁零人除向南移以外，有的也向西徙。其驻牧地已达乌孙以西，康居以北（新疆维吾尔自治区境内阿尔泰山和塔尔巴哈台一带），拥有"胜兵六万人"。鲜卑人因北方的敕勒人使用车轮高大的车子，称之为高车。汉朝击溃北匈奴之后，敕勒的地域开始南移，与中原的汉人交往。公元 4 世纪末至 6 世纪中叶，继匈奴、鲜卑之后，敕勒人和柔然人活动于中国大漠南北和西北广大地区。在中原的丁零人曾建立翟魏政权。

4 世纪中叶，生活在阴山一带的人大都已鲜卑化。著名的《敕勒歌》，是北齐时敕勒人的鲜卑语的牧歌，后被翻译成汉语。敕勒人在北魏时期大量参加鲜卑人、汉人的战争，其中大部和丁零人一起逐渐融入汉族。敕勒中北方的一部后来成为回纥，现代维吾尔族的祖先。俄罗斯联邦萨哈（雅库特）共和国境内的雅库特人也是敕勒人的后裔。

张华的绘图真实地反映了当时丁零族真实形象，确实是北方游牧民族形象，其文解也很贴切。

三、重绘《山海经》能客观展示上古民族观真实情况

《古本山海经图》具有较强的政治性，带有中原民族对除华夏族以外的民族的歧视色彩。我们知道《海内经》亦有一段："有人曰苗民，有神焉，人首蛇身，长如辕，左右有首，衣紫衣，冠旃冠，名曰延维。人主得而飨食之，伯天下。"也知道《史记·匈奴列传》："匈奴，其先祖夏后氏之苗裔也，曰淳维。" 章炳麟《訄书·序种姓上》："是故淳维、姜戎，出夏后四岳也。窜而为异，即亦因而异之。" 中国近代史资料丛刊《辛亥革命·檄南京文》："焚老上之龙庭，扫淳维之瓯越 。"这里的淳维代指满人，也是民族歧视。分析对苗人的称谓，就应该从"维"开始。《集韵》："维，网也。"《广雅》："维，隅也。"《说文》："维，车盖也。"关于维的解释还有很多，莫衷一是。但《山海经》中就有关于维鸟的描述："鸳鸟，人面，居山上，一曰维鸟。"这里的维鸟就是枭鸟，俗称猫头鹰，参见郭郛《山海经注证》。加之古代图绘者的依文而形，使中原民族对其他民族的误解和恐惧不断加深。

张华老师历时 15 年完成《山海经图译》，可谓在《山海经》研究上跨出了坚实的一步，读者阅读必有所益！我们知道古籍研究是层累性的发

展，由于各种因素的局限，作者的图译只能代表作者本人的观点。我们不能否认图译《山海经》是个巨大工程，完成《山海经》的图译工作实为不易。我们应该多鼓励这种研究精神，这种图译成果实为中国国学传播之幸。是为序。

序二

郭郛

　　武汉图书馆张华同志以他的大作《山海经图译》来让我写一篇序，这是非常高兴的事。由于我在退休的前后，曾应英国的中国科学史大师李约瑟教授的邀约，撰写《中国动物学史》，其中涉及《山海经》的动物知识，经十年艰难研读，才大体认出《山海经》怪物是中国古代氏族所崇拜的图腾神物。如八头虎、两头猪等怪物，在动物界并无此等怪物存在，在地质化石中也无此类怪物出现，在动物胚胎学中也无此等发育阶段，为什么中国古籍中有此怪物出现？当时曾视此物为"科学史"中拦路虎。我读生物学六十年，从事动物学研究教学也将及五十年，从未见过这类"多头怪物"。后忽忆及在实验室中做过动物联体实验，将几头蚕蛹联在一起做成串联蛹，羽化后成为一串联蛾。此生物技术称为"生物联体技术"，是动物学中古老而常用的技术。两头猪、八头虎、三头熊、三面人等生物尸体以及千手佛、三头六臂佛等泥塑、木雕、纸扎、纸糊等而成的形象，均是此等技巧的延伸。在英、法等博物馆中，看到人类氏族崇拜的图腾像；我在阅读各种有关参考文献时，特别对严复所译英国学者甄克斯《社会学通诠》中所举图腾的内容，感觉颇有新意；美洲和澳洲各有关国家氏族均有图腾崇拜和实物，有些凶猛动物均作为图腾神来崇拜。

　　我反复阅读中国经典古籍《山海经》中怪物，联系生物联体技术，才认清中国《山海经》中的怪物是中国古老氏族所做成的图腾像——用生物联体技术所做成的图腾像。约在七八千年前中国大地有许多凶猛的动物。在这些动物的生活区有一些勇敢的氏族，他们在生活生产中对这些动物的勇猛和威武常生敬畏之心，在和动物接触、豢养、家化驯服过程中，常以这些动物的形象为本氏族的形象，如养羊族、养猪族、养马族、养牛族、养鸡族、养狗族等均以羊、猪、马、牛、鸡、狗为崇拜图腾，生活在虎地区的养羊养狗的氏族以虎为图腾，生活在鳄鱼地区的养羊养鸡养狗的氏族能征服鳄鱼的危害，以鳄鱼——龙为崇拜图腾，如此等等。《山海经》中出现崇拜龙、虎、狗、鸟、鸡、马、牛、猪、羊的氏族等，他们从南山经、西山经、北山经、东山经、中山经一直分布海内外各经地区。

　　他们怎样做成图腾像呢？中国先民对剥皮、制革技术发展得较早，只要有锋利的石刀、刮削器，可以将整个动物皮剥离，用骨针、石针、兽皮带（韦）、植物纤维等将动物整体或部分缝成一定形状。如两头猪，将两个前半段有头的猪皮对接，中间加入一些充填物，相对用骨针缝好。这些，需要一些有技术的和受到尊敬的能人来完成制作过程。虎图腾族的能工巧匠多一些，所以才能做成八九个头的老虎图腾像。两个图腾族因婚姻等合成一个族，如龙鸟图腾族等。中国古籍《春秋左氏传》就记载中国有龙、鸟、凤、云、火、水等图腾崇拜，山东鲁国国君鲁昭公曾向鸟图腾族的郯国郯子问起图腾事（公元前527年），郯子就讲起本族鸟图腾事实，这件事曾受到孔子的称赞，可见中国图腾崇拜由来已久。

　　《山海经》中《南山经》有三大图腾氏族分布地区：南山首经是龙鸟图腾族分布区，南次二经是鸟龙图腾族分布区，南次三经是龙图腾族分布区。长江以南南海之北在中国历史上某个时期是龙图腾族和有关氏族分布地区，这个时期相当古老。许多学者认为《山海经》是由大禹时期资料积累而流传，后经伯益而增益，孔子及其弟子有所整理，秦代博士增添内容。《山海经》正文中出现"秦椒"，以秦地物产列入文中，可为明证。汉代刘向、刘歆等整编,晋代郭璞作传注,清代毕沅作新校正、郝懿行作笺疏等。

1987年至2000年,我国用图腾崇拜解读《山海经》,明确经中难读之处,肯定《山海经》是中国博物学专著、中国科学技术文化史书,因此著有《中国古代动物学史》(1999)、《山海经注证》(2004)两书来解读古代经典著作。另外,书中怪物乃是中国图腾和人们所误解的奇禽异兽。如六足鸟,鸟足能迅速移动,人见迅速飞跑的鸟,视觉中有连续的动景,以为鸟有四足或六足,因而称为六足鸟。九尾狐也是如此,赤狐狐尾蓬松,远看如好几条尾巴,实是一条。《注证》用现代科学家所列图文,一一予以论证,说明怪物不怪。张华同志又引各家图文一一证明,更是相得益彰。

《山海经》可能在编成时有文字和图画说明,但未见明确记述。郭璞传注《山海经》中有畏兽画,可释为《山海经》有图。郭璞在他的大作《山海经》《尔雅》注中,对一些事物列有赞语,也可以释为"图赞",因图而作赞。但此类图为何人所作,并无明确记述;也可释为一些常见的、令野兽可畏的符形,如牧区画圆圈以畏狼一样。唯在晋代学者陶渊明的诗《读山海经十三首》中云:"泛览周王传,流观山海图"。"周王传",即周穆王传,见郭璞注;"山海图",指《山海经图》。清代毕沅在《山海经新校正》中说:"《山海经》有古图,有汉所传图,有梁张僧繇等图。十三篇中海外海内经所说之图,当是禹鼎也;大荒经以下十五篇所说之图,当是汉时所传之图也。以其图有成汤、王亥、仆牛等知之,又微与古异也。据《艺文志》,《山海经》在形法家,本刘向《七略》,以有图,故在形法家。又郭璞注中有云:图亦作牛形。又云:亦在畏兽画中。又郭璞及张

骏有图赞。"宋代《玉海》云:"《中兴书目》云:《山海经图》十卷,
本梁张僧繇画,咸平二年(999年),校理舒雅铨次馆阁图书,见僧繇旧踪,
尚有存者,重绘为十卷。又载工侍朱昂进画图表于首。僧繇在梁,以善画者。
每卷中先类所画名,凡二百四十七种。(其经文不全见。《崇文总目》同,
舒雅修。《晁氏志》:图十卷。舒雅等撰,或题曰张僧繇画,妄也。)……
《书目》又有图十卷,首载郭璞序,节录经文而图,其物如张僧繇本,不
著姓名。"陶诗中"流观山海图",明确指明《山海经》并列有图画,毕
沅注释更令人知道《山海经》有汉代流传图,有梁张僧繇所画图。

　　最令人信实的是梁代天监年间(公元503-519年)活跃的画家张僧繇
所画的《山海经图》。张僧繇是一个才华横溢的画家,善于大幅壁画,尤
善于画云龙人物,他在佛寺所画的龙,曾得到时人的美誉:"画龙点睛,
破壁飞去",可见他的绘画功力深厚,为时人喜爱。画界人士评论他的画
风是"骨气奇伟,规模宏逸"。他的《山海经图》中的画图如两头猪、八
头虎、六足有四翼无头的熊、𦏡(无口羊)等形象个个生动,笔力挺拔,
铁线银钩,神采奕奕,不愧是写生高手;意境超远,恰如经文中所叙说的
那样形态;形神兼备,独具匠心,画如其文。张僧繇的《山海经图》受到
人们喜爱,可谓独步千古,开中国线条画的先河、白描画的祖源。张画流
传至唐代,可能学者读《山海经》时,也一并读到张画《山海经图》。宋
代结束残唐五代的兵祸,中国宝贵图书受到损害,到宋真宗时整理古籍,
诸如《山海经》《尔雅》等,有一学者画家舒雅参与整理,此公在《尔雅
疏》中留名,可能参与《山海经图》《尔雅图》的临摹和增补。因此本人
认为宋代及以后《山海经图》有舒雅的修补作品,但由于画作中无留名的

习俗，令人不易分清。元明时代，《山海经图》屡经翻刻，本人未能看到刻本，原图何种样子，《永乐大典》中有无涉及《山海经图》的一些画面，均未可得知。清代承先启后，做了一些工作，《古今图书集成》对《山海经图》中怪物做了一些临摹，并有增添背景的画面。仔细看来，原来张图居中，四周添了一些山川、生物作生活环境，可能是清代画家应当时总编纂的要求而增加的。但由于皇家钦定图书印量有限，流传不广，此《山海经图》未曾普及于世，本人在《注证》中稍有引用。清代末季及民初，流行于江浙一代的连史纸印刷《山海经》内附有《山海经图》，我等幼时翻阅祖父遗书《山海经》中《山海经图》，怪物两头猪等令人敬畏，现今思之觉得可笑。《山海经图》给人印象之深，可谓"儿童不宜"。此时约在1930年左右。可惜这种连史纸本遇到黄梅天气，常常烂成纸团，流传有期。近代马昌仪教授所集《古本山海经图说》和各家印成《山海经》中附图，乃是旧图新印本。我写了这些简介，可以算作《山海经图》的流传简史吧。

张华同志收集和临摹古今山海经图和现代有关事物的图并加以说明，将古事古物予以现代化的解释，艰难困苦以达于成，可谓有志者。我有幸为他的大作作序，希望能早日到广大读者面前，以完成宏扬中华文化历久而弥新的夙愿。

写到此处，忽然忆及晋代博物学家张华是一位有口皆碑的学者，而张华同志是一位刻苦钻研的学人，对科学有深入的见解与业绩，难能可贵，正在青壮盛年，前途未可限量。古今同名同道，相互辉映。仅写数言，以资祝贺和勉励：

祝张华同志大作出版

同是弓长张，同为博物郎，

物华天所宝，人杰地琳琅。

凡例

1. 本书对《山海经》中《五藏山经》《海荒经》中的神怪畏兽及古代民族、动物、鸟禽进行图译，全书绘图 506 幅，分 18 个序列，各个部分又设若干个细目（条目）。

2. 每个细目包括：（1）经文；（2）注释；（3）译文；（4）绘图。

3. 本书所录经文以山东画报出版社 2001 年出版的马昌仪先生《古本山海经图说》为母本，以其考证精详，立论得体，优于他本。

4. 经文根据母本照录，本书所用简化汉字，以《通用汉字规范表》的范围为限。一般不作偏旁类推；在可能发生歧义时，则保留原来的繁体字或异体字。

5. 译文原则上以直译为主，意译为辅。

6. 注释内容包括：（1）生僻字注音（按正文出现先后进行序列）。（2）前人成说。（3）个人愚见。（4）其他事项。

7. 对经文予以句读，采用现代标点符号，原则上宜粗不宜细。多用逗号句号，特殊情况下才用分号和感叹号。

8. 引用前人成说，一般应标明作者版本、文献名称、卷次数，但为节省篇幅，本书只标明著者姓名和文献名称。

9. 同一部分若出现同名同物者、同名异物者和异名同物者，经文、译文虽完全相同或不完全相同，依然照录。

10. 本书在编写过程中，参考了前人研究成果，因为受体例限制，未便一一标出，于书后列出《参考文献举要》，一则明其所自，二则谨表谢忱。

—— 山海经图译 ——

五藏山经

· 南山经 ·

· 西山经 ·

· 北山经 ·

· 东山经 ·

· 中山经 ·

南山经

狌狌

【经文】　招摇之山有兽焉，其状如禺^①而白耳，伏行人走，其名曰狌^②狌。食之善走。

【注释】　①禺（yù）；②狌（xīng）。《汉字形义分析字典》注："狌为猩的异体字，从犭字。"《吕氏春秋·本味》描述它是人面狗躯而长尾。《周书》说它状如黄狗而人面。晋代张华所著《博物志》说它若黄狗人面，能言。《中国古代动物学史》注证它为哺乳类猩猩科中猩猩。明清版本的《山海经图》描绘猩猩的形象大致分三种：其一为猴状，见蒋本、汪本《南山经》图。其二为人面猪身，见蒋本《海内经》图。其三为人形兽毛，见胡文焕《山海经图》。猩，犹猩红的猩，红义。

【译文】　招摇山中有一种兽，形状似猿猴，长着一对白耳朵，既能伏行，又能立走，它的名字叫狌狌。如果人吃了它的肉就会善于奔跑。

白猿

【经文】 堂庭之山，多白猿。

【注释】 《汉语动物命名考释》注："猿，犹援，善攀援。"《兽经》认为白猿似猴而大臂，脚长便捷善攀援，其鸣声哀。《本草纲目》说猿产于深山，其臂甚长，能引气，故多寿。根据以上文献所描述特征，此猿应为长臂猿。呈白色。明清古本用白描形式表现了白猿的形象，今之白猿俗称白头叶猴，不是郭璞所指的白猿，古之白猿为灵长目，体大如猕猴，前肢很长，群居，团结互助，我国南部尚存。

【译文】 堂庭山中，生活着许多白色猿猴。

蝮虫

【经文】　猨①翼之山，其中多怪兽，水中多蝮②虫。

【注释】　①猨（yuán）；②蝮（fù）。《汉语动物命名考释》："蝮：犹鰒（鲍鱼）、镜（锅），蝮蛇常重叠数圈蟠曲成一团，头在中间扬起，数小时静卧不动，人称狗尿堆，土球子。"晋郭璞注曰："色如绶文，鼻上有针，大者百余斤，一名反鼻虫。"《中国古代动物学史》注："蝮就是蝮蛇"。蝮蛇俗称"草上飞"。蒋本所绘蝮蛇鼻上有针状物，尾巴短平，背上有绶文，其形象与蝮蛇差异太大。蝮蛇体长 60—70 厘米，头略呈三角形，背面灰褐色到褐色，头背有一深色"八"形斑，腹面灰色到灰褐色，杂有黑斑。

【译文】　猨翼山上，生活着许多奇怪的野兽，水边则有许多蝮蛇。

怪蛇

【经文】 猨翼之山，多怪蛇。

【注释】 猨翼山上多热带雨林，愚意这里生长一种长鼻子的蛇，呈草绿色，名
为长鼻树蛇。蒋本所绘怪蛇呈牛头蛇身形，细而长，绕树临水，疑为
热带蛇。在我国南方有一种怪蛇为长鼻树蛇，通体呈草绿色，和周围
的的草树融为一体，起到很好的伪装效果。长鼻树蛇也称亚洲绿瘦蛇、
东方鞭子蛇。分布于亚洲南部及东南部，栖居于雨林及农地中。本种
树栖性蛇伪装本能极佳，可以纹丝不动地伪装成树枝，等待经过的蜥
蜴或鸟类，伺机捕获它们。

【译文】 猨翼山中生活着许多怪蛇。

鹿蜀

【经文】　杻阳之山有兽焉，其状如马而白首，其文如虎而赤尾，其音如谣，其名曰鹿蜀。佩之宜子孙。

【注释】　杻（niǔ）。鹿蜀是斑马的中国古称。《骈雅》注鹿蜀为虎文马，明崇祯（1628—1644 年）见于闽南，有待考证。郭璞记载，人如果把它的皮毛穿在身上，可使子孙昌盛。蒋本、汪本所绘鹿蜀为马头虎身，吴本和胡本为马身虎纹，绘图形式为白描勾勒。斑马现存于世的有三个品种：山斑马，普通斑马，细纹斑马。愚意鹿蜀为山斑马祖形，上古时在我国南方广为分布，可惜早已灭绝。

【译文】　杻阳山中，有一种野兽，样子似马，长着白色的脑袋，红色的尾巴，浑身长满虎纹皮毛。它鸣叫起来像人唱歌。它的名字叫鹿蜀。传说人如果把它的皮毛佩戴在身上，可以多子多孙。

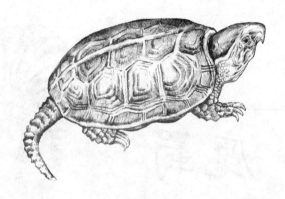

旋龟

【经文】 杻阳之山，怪水出焉，而东流注于宪翼之水。其中多玄龟，其状如龟而鸟首虺尾，其名曰旋龟，其音如判木。佩之不聋，可以为底。

【注释】 旋，甲骨文从㫃（yǎn）从足。《说文·㫃部》："旋，周旋，旌旗之指麾也。"吴任臣引《本草拾遗》注："鹦龟生南海，状如龟，二三尺，两目侧如鹦。"李时珍释云："《山海经》旋龟，鸟首虺尾，乃此类也。"据此考证，旋龟乃大头龟。背甲长14.5厘米，头宽几为体宽的二分之一，尾长，能上树，吃螺蚌，分布在我国安徽等南方地区。

【译文】 杻阳山中，怪水从这里流出，向东流入宪翼河中。河中生长着很多黑色的龟，它长着鸟的头，毒蛇的尾巴，它的名字叫旋龟。鸣叫起来就像打破木头的声音。据说人佩戴它不会耳聋，还可以治疗足疾。

鲑

【经文】 柢①山多水，无草木，有鱼焉，其状如牛，陵居，蛇尾有翼，其羽在鮔②下，其音如留牛，其名曰鲑③，冬死而夏生，食之无肿疾。

【注释】 ①柢（dǐ）；②鮔（qū）；③鲑（lù）。郭璞注解此动物时引用《庄子》"执犁之狗"，谓此牛也。《中国古代动物学史》注此动物为鲮鲤（穿山甲）。穿山甲的鼻子像牛，四肢张开，爪甲合并非常像翅膀。端公将羽毛缝合在穿山甲的肋下，以示其族群图腾为鱼鸟图腾。穿山甲穴居山林潮湿地带，舔食蚂蚁，我国南部有产。

【译文】 柢山，多发大水，没有生长树木和杂草。这里有一种奇怪的鱼，形状像牛，生活在水边的山坡上，长有蛇的尾巴和鸟的翅膀，羽毛长在肋下，其叫声如黄牛嗥叫，它的名字叫鲑，冬天休眠，夏天出来活动，人吃了这种鱼可以防治肿痛。

【经文】 亶①爰②之山有兽焉，其状如狸而有髦，其名曰类，自为牝牡③，食者不妒。

【注释】 ①亶（dǎn）；②爰（yuán）；③牝（pìn）牡：指雌雄。类又称灵猫，模样像猫，郝懿行引陈藏器《本草拾遗》说，灵猫生南海山谷，状如狸，自为牝牡，传说云南蒙北县有此兽。《中国古代动物学史》注此兽为大灵猫。类兽古图有两种形状：一为兽状，如蒋本、汪本，具体兽状无法看清；二为人面兽身。类为灵猫科，体似猫而大，面部似狗，毛色多斑，粗硬脊鬣直达尾部，会阴部有香腺，吃小动物、野果等，我国秦岭以东、以南有产。

【译文】 亶爰山中，有一种野兽，其状像狸猫，并披有长长的头鬃，它的名字叫类（又称灵狸），具有自行转换雌雄的体征。据说吃过这种兽肉的人不知妒忌。

猼訑

【经文】　基山有兽焉，其状如羊，九尾四耳，其目在背，其名曰猼訑，佩之不畏。

【注释】　猼訑（bó yí）。熊狸又名藤狸，耳簇毛长，纯黑色，耳缘灰白色，似四耳，体背有棕色斑，似目，南方当地人称之为冰突龙。它属灵猫科，貌似小黑熊的熊狸，长着一条与身长差不多长的粗壮尾巴。其体毛黑色蓬松，杂有浅棕黄色。耳端具长达 5 厘米的簇毛，耳缘白色。四肢粗壮，五趾有坚强锐利的爪；尾部长有棕黄色环，尾端缠住树枝。头、眼周、前额下颏部呈暗灰色，唇旁长着白色长须。

【译文】　基山有一种野兽形状似羊，但有九条尾巴，四只耳朵，眼睛长在背脊上，它的名字叫猼訑。传说人取其皮毛佩戴在身上，无所畏惧。

鸓鵂

【经文】　基山有鸟焉，其状如鸡而三首六目，六足三翼，其名曰鸓鵂，食之无卧。

【注释】　鸓鵂（biē fū）。《广雅》曰："南方有鸟，三首六目，六足三翼，其名曰鸓鵂"。胡文焕《图说》云："基山有鸟，状如鸡，三首六目，六足三翼，名鸓鵂，食之无卧"此鸟可能是由于基因变异产生的，也有可能是古人用骨针缝合在一起，以此毛物作为基山的象征，择时祭祀。根据动物形态此鸟疑为白腹锦鸡。它生活在山区的森林、灌丛中，以多种植物嫩芽、叶、花、果、种子、蘑菇、白蚁、蝗虫为食，现分布于四川西部、贵州西部及云南大部地区。

【译文】　基山有一种鸟，其形状像鸡，却长着三个脑袋、六只眼；六条腿，三只翅膀，它的名字叫鸓鵂。人吃了它很少睡觉。

九尾狐

【经文】　青丘之山有兽焉，其状如狐而九尾，其音如婴儿，能食人，食者不蛊。

【注释】　蛊（gǔ）。指妖邪之气，一说指蛊毒。《周书·王会篇》云："青丘狐九尾。"《汲郡竹书》云："帝杼子征于东海及三寿，得一狐九尾。"《吴越春秋·越王无余外传》载有大禹遇九尾白狐献瑞，娶涂山女子为妻的故事。《中国古代动物学史》注此动物为赤狐的华南亚种。愚意狐尾蓬大如九尾，实为一尾。九为巫数极之意，端公束九尾以示族群极为强大。

【译文】　青丘山中有一种野兽，它的形状似狐狸，还长有九条尾巴。它的叫声很像婴儿啼哭。该兽经常伤害人。据说人吃了它的肉，可以抵御妖邪之气，还可抗拒虫毒。

灌灌

【经文】　青山之丘有鸟焉，其状如鸠，其音若呵，名曰灌灌，佩之不惑。

【注释】　灌灌：灌灌在古书上也称濩濩，是吉祥之鸟。《吕氏春秋·本味篇》说把这种鸟的肉放在火上烧烤，味道特别鲜美。《中国古代动物学史》注此鸟为白鹳。它性温和而警觉，飞行缓慢，常在高空中翱翔，平时觅食小鱼、蛙、蜥蜴和昆虫等，有时亦吞食田鼠，休息时常以一足站立。

【译文】　青山之上有一种鸟，它的形状像鸠，鸣叫的声音很像人在相互寒暄，它的名字叫灌灌。如果取其羽毛佩戴在身上，可不受蛊惑。

赤鱬

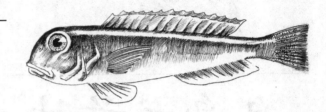

【经文】　青丘之山，英水出焉，南海注于即翼之泽。其中多赤鱬，其状如鱼而人面，其音如鸳鸯，食之不疥。

【注释】　鱬（rú）。根据《广志》记载，鲵鱼声如小儿啼，四足。吴任臣引刘会孟说："磁州亦有孩儿鱼，四足长尾，声如婴儿啼，其豪膏燃之不灭。"据此推判，此鱼为鲵鱼（俗称娃娃鱼）。据徐显之《山海经初探》，此鱼为方头鱼，且周身呈赤色，现代许多生物学家认为此是哺乳动物儒艮（美人鱼），其特征不符经文描述，银方头鱼特征当属此类。银方头鱼体长侧扁，一般体长 20—40 厘米，头高，略呈方形，眼大，侧上位，产于我国南海及东海南部。

【译文】　青丘之山，英水从这里发源，南海的水流入即翼泽。河中生活着许多赤鱬，它的形状像鱼，长着人一样的面孔，鸣叫的声音如鸳鸯。传说人吃了它的肉，可以不得疥疮。

鸟身龙首神

【经文】 䧿山之首，自招摇之山，以至箕尾之山，凡十山……其神状皆鸟身而龙首。

【注释】 根据古代先民的"口耳相传"，从招摇山到于箕尾山共十座山的山神，名叫鹊神，其神状为鸟身龙首。这是由端公扮装以祭祀，龙首，为龙头面具；鸟身，为羽毛所编鸟翼。

【译文】 䧿山山脉，从招摇山至箕尾山共十座山，它们的山神形状是鸟的身体、龙的脑袋。

狸力

【经文】　柜①山有兽焉，其状如豚，有距，其音如狗吠，其名曰狸力，见②则其县多土功。

【注释】　①柜（jǔ）；②见（xiàn）。《图赞》曰："狸力力鸳鸯，或飞或伏。是惟土祥，出兴功筑。长城之役，同集秦域。"说明此动物善于挖洞筑巢。《中国古代动物学史》认为它就是猪獾。古图蒋本与汪本均绘为猪形。愚意猪獾有鸡距疑为端公嫁接。獾属鼬科，长约 68 厘米，体肥壮，面部似猪，四肢短健，勇于自卫，常咬伤单个来犯的猪、狗，国内广泛分布。

【译文】　柜山有一种野兽，它的模样像猪，四只脚上长着鸡踞，叫起来如狗吠，它的名字叫狸力。狸力出现的地方多大兴土木。

鴸

【经文】　柜山有鸟焉，其状如鸱①而人手，其音如痹②，其名曰鴸③，其
名自号也。见则其县多放士。

【注释】　①鸱（chī）；②痹（bì）；③鴸（zhū），传说中不详怪鸟。传说鴸是丹朱
的化身。丹朱乃尧的儿子，因谋反，其阴谋被尧挫败，投海自杀，其
魂魄化为鴸鸟。吴任臣注曰："鴸鸟鸱目人手。"陶潜《读山海经》诗
云："鵃鴸（一作鵬鴸）见城邑，其国有放士。念彼怀王世，当时数来
止。"鵬鴸即丹鴸。《中国古代动物学史》注此鸟为红角鸮，属小型猛
禽，全长约20厘米，栖于山地林间，以昆虫、鼠类、小鸟为食。在大
陆分布较广，为留鸟，属于国家二级保护动物。

【译文】　柜山有一种不吉祥的鸟，它的形状像猫头鹰，脚像人的手，它
啼叫的声音就像自呼其名，它的名字叫鴸。哪里有鴸鸟出现，哪
里就会有许多人士被放逐。

长右

【经文】　长右之山有兽焉，其状如禺而四耳，其名长右，其音如吟。见则郡县大水。

【注释】　长右又称长舌。长右：即长手，《甲骨文字典》中右为一只手。《说文·手部》："右，手也。"《集韵》："右，左右手也"。因此可以推断此猿手很长。《中国古代动物学史》注长右为猕猴。古人认为长右是大水的征兆。《汉语动物命名考释》认为长右为白颊黑长臂猿，该猿本来作为一个亚种归入黑长臂猿，现在独立为一种。"四耳"此猿两颊有较长白毛，似又一对耳朵。白颊黑长臂猿体长 40—65 厘米，无尾，直立时两手可触地。

【译文】　长右山上有一种野兽，它的形态似猿猴，头上长了四只耳朵，名字叫长右，叫起来像人在呻吟。它若出现，则预示着当地会有洪水之灾。

猾褢

【经文】 尧光之山有兽焉，其状如人而彘①鬣②，穴居则冬蛰，其名曰猾褢③，其音如斲④木，见则县有大繇⑤。

【注释】 ①彘（zhì）；②鬣（liè）；③褢（huái）；④斲（zhuó）；⑤繇（yáo）。胡文焕《图说》云："尧光山有兽，状如猕猴，人面，彘鬣。"郭璞《图赞》曰"猾褢之兽，见则兴役，应政而出，匪乱不适，天下有逆，幽形匿迹。"《中国古代动物学史》注此兽为貉的指名亚种。貉为食肉目，似狐狸，体小而粗肥，性迟钝。

【译文】 尧光山中，有一种野兽，它的样子像人，全身长满了野猪毛，在洞穴里居住，冬天蛰伏不出，它的名字叫猾褢，其叫声像人劈木头发出的声音，传说它出现的地方就会天下大乱。

彘

【经文】　浮玉之山有兽焉，其状如虎而牛尾，其音如吠犬，其名曰彘，是食人。

【注释】　《汉语动物命名考释》："彘：犹稚、荩、黄（tí），尖长物，猪后颈鬃毛粗长。"彘是野猪的古称。《山海经图》《事物绀珠》都记载了湖州浮玉山上彘的特征，状如猴，四耳（此为端公臆造之词），虎身而牛尾。野猪在被攻击或无粮的情况下才会攻击人类。《中国古代动物学史》注彘为野猪。

【译文】　浮玉山中有一种野兽，它的形状像老虎，却长着牛一样的尾巴。它发出的声音像狗在狂吠，它的名字叫彘。经常伤害人。

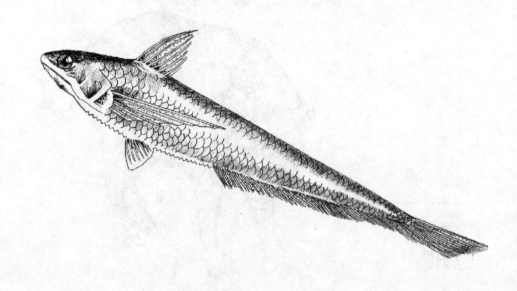

鲚鱼

【经文】　浮玉之山，苕水出于其阴，北流注于具区，其中多鲚鱼。

【注释】　鲚（jì）。鲚鱼又名刀鱼、鲦鱼、鲚鱼。《尔雅翼》曰："鲚，刀鱼也，长头而狭薄，其腹背如刀刃，故以为名。大者长尺余，可以脍。"据说它的肉可以防治狐臭。书中为太湖刀鲚，又称刀鱼。它体长、甚侧扁，向后渐细尖呈镰刀状，故而得名。一般体长 18～25 厘米、体重 10～20 克。分布于北太平洋西部。我国产于东海、黄海和渤海。平时栖息于浅海河口一带，于春、夏季进入淡水水域作生殖洄游。

【译文】　浮玉山，苕水发源于它的北边，向北流注入具区水，水中有很多鲚鱼。

羬

【经文】 洵^①山有兽焉，其状如羊而无口，不可杀也，其名曰羬^②。

【注释】 ①洵（xún）；②羬（huàn）。《事物绀珠》记，此兽如羊，无口，黑色。
胡文焕《图说》云："旬山有兽，状如羊而无口，黑色、名曰羬。其性
顽狠，人不可杀，其禀气自然。"羬为古人所臆造的图腾。

【译文】 洵山中有一种野兽，样子像羊，没有口，不易被杀死，它的名
字叫羬。

【经文】 鹿吴之山，泽更之水出焉，而南流注于滂①水。水有兽焉，名曰蛊雕②。其状如雕而有角，其音如婴儿之音。是食人。

【注释】 ①滂（pāng）；②《骈雅》云："蛊雕如雕而戴角。"《事物绀珠》云："蛊雕如豹，鸟喙一角，音如婴儿。"《中国古代动物学史》注此兽为貔熊和雕的合体图腾。孟方平在《自然科学史研究》中发表的论文《〈南山经〉奇禽异兽试解》中注："蛊雕即雕鸟。"《汉语动物命名研究》中也持相同观点。"有角"：雕鸮之耳羽尖耸，若角故云。雕鸟属大型猛兽。全长70厘米，栖息于山林间，主要以啮齿动物为食。筑巢于悬崖峭壁的缝隙间，为全国大部地区留鸟，属于国家二级保护动物。

【译文】 鹿吴山中，泽更河水向南流入滂水。水域有一种野兽叫蛊雕，它的样子像雕，头上却有角，发出的声音像婴儿在啼哭，会伤害人。

龙身鸟首神

【经文】　自柜山至于漆吴之山，凡十七山，其神状皆龙身而鸟首。

【注释】　少数民族进山打猎，均要祭拜山神，奉上贡品，由年长端公（或称释
比）读祭文，乞求山神保佑。从柜山到漆吴山共十七座山的山神造像
均为龙的身体鸟的脑袋，其神被尊称为南山神。

【译文】　从柜山到漆吴山，共十七座山，其山神的形态都是龙的身体、
鸟的脑袋。

犀

【经文】 祷过之山，其上多金、玉，其下多犀。

【注释】 《本草纲目》记："犀出西番、南番、滇南、交州诸处，有山犀、水犀、兕犀三种，又有毛犀似之。山犀居山林，人多得之。"三角者，《交广志》记："西南夷土有异犀，三角，夜行如大炬，火照数千步。或时解脱，则藏于深密之处，不欲令人见之，王者贵其异，以为簪能消除凶逆。"《中国古代动物学史》注犀为爪哇犀。犀牛共有五种，都以其庞大的体形、粗厚如装甲的皮肤、三趾蹄以及一个或两个犀牛角著称。

【译文】 祷过山中，山上多产黄金和玉石，山下生活着很多犀牛（三足犀）。

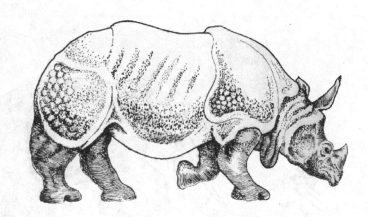

兕

【经文】　祷过之山，其下多兕。

【注释】　兕（sì）。《说文·嗣部》："嗣，如野牛而青。"指犀牛一类的兽，一说指雌犀。兕为独角兽，文德之兽，常见于青铜器及画像石饰上。郭璞注："犀似水牛，……兕亦似水牛，青色，一角，重三千斤。"《尔雅》曰："兕似牛，犀似豕。"《中国古代动物学史》注兕为印度犀。它们体长2～4米，重1000～3600公斤，是第二大陆生动物。犀牛脚短身肥，皮厚毛少，眼睛小，角长在鼻子上。它们胆小，爱睡觉，喜群居。犀牛的数量已经非常稀少，目前被列为国际保护动物。

【译文】　祷过山下，生活着许多兕。

象

【经文】　祷过之山，其下多象。

【注释】　《说文·象部》："象，南越大兽，长鼻牙。"《本草纲目》记："象出交
广云南及西域诸国，野象多至成群，番人皆畜以服重，酋长则饰而乘
之。有灰白二色，大者身长丈余。肉倍数牛，目才若豕，四足如柱，
无指而有爪甲，行则先移左足，卧则以臂着地，其头不能俯，其颈不
能回。"王安石《字说》云："象牙感雷而文生，天象感气而文生。故
天象亦用此字。"《中国古代动物学史》注象为亚州象。亚洲象全身深
灰色或棕色，体表散生有毛发。成年雄性亚洲象肩高约2.4～3.1米，
重约2.7～5吨，雌象体形稍小。同非洲象相比，亚洲象体形较小，耳
朵较小，前额较平。

【译文】　祷过山中生活着很多大象。

瞿如

【经文】　祷过之山有鸟焉，其状如鹪①而白首，三足，人面，其名曰瞿②如，其鸣自号也。

【注释】　①鹪（jiāo）；②瞿（qú）。《说文·瞿部》："瞿，鹰隼之视也"。旧读"句"，惊现的样子。《禽虫典》绘制的图均为三首两足，人面。胡文焕《图说》云："祷过山有鸟，状如鹪（鹪鹩），似凫（野鸭）脚而小，长尾白首，三面二足，名曰瞿如。"三足亦是其基因变异所致，不足为奇。《中国古代动物学史》注：瞿如为普通鸬鹚。鸬鹚俗称鱼鹰，属鸟纲鹈形目鸬鹚科，我国有 5 种，几乎遍布全国各地。它全长 80 厘米，体重 1700～2700 克，全身为带有紫色金属光泽的蓝黑色。嘴厚重，眼及嘴的周围欠缺羽毛，裸露的皮肤呈黄色，裸出部分的周围有幅宽广的白带。上背、肩羽为暗赤褐色，羽缘为黑色。生殖时期腰之两侧各有一个三角形白斑。头部及上颈部分有白色丝状羽毛，后头部有一不很明显的羽冠。

【译文】　祷过山上，有一种鸟，它的样子像鸡，白脑袋，三只脚，人的面孔，名字叫瞿如，其叫声如同呼唤自己的名字。

虎蛟

【经文】 祷过之山，泿水出焉，而南流注于海，其中有虎蛟，其状鱼身
而蛇尾，其音如鸳鸯。食者不肿，可以已痔。

【注释】 泿（yín）:《说文注·龙部》:"蛟，龙属，无角曰蛟。"郭璞《图赞》
曰:"鱼身蛇尾，是谓虎蛟"。《埤雅》曰:"蛟，龙属也，其状似蛇而
四足。"《本草纲目》说有鳞曰蛟，其特征为爬行类动物。《中国古代动
物学史》注此动物为马来鳄，属大型鳄鱼。马来鳄与食鱼鳄非常相似，
所以又叫"假食鱼鳄"，但以往专家多认为其属于鳄亚科，而与真正的
食鱼鳄关系较远，不过最近也有些学者认为马来鳄可能的确和食鱼鳄
有一定的关系，应属于食鱼鳄亚科。

【译文】 祷过山的泿水向南流入大海。水中生活着虎蛟，它的样子为鱼
的身体、蛇的尾巴，发出的声音似鸳鸯啼叫。吃了它不会得浮
肿，还可以医治痔疮。

凤皇

【经文】 丹穴之山有鸟焉，其状如鸡，五采而文，名曰凤皇。首文曰德、翼文曰义、背文曰礼、膺文曰仁、腹文曰信。是鸟也，饮食自然，自歌自舞，见则天下安宁。

【注释】 膺（yīng）：凤皇即凤凰，即我国自原始社会起先民崇拜的吉祥鸟，雌的称为凤，雄的称为凰，为百鸟之王。《说文》曰："凤，神鸟也，天老（黄帝）曰：'凤之象也，鸿前麐后，蛇颈鱼尾，龙文龟背，燕颔鸡喙，五色备举。出于东方君子之国，翱翔四海之外，过昆仑，饮砥柱，濯羽弱水，莫宿风穴，见则天下大安宁。'"《论语纬》曰："凤有六象，一曰头象天，二曰目象日，三曰背象月，四曰翼象凤，五曰足象地，六曰尾象纬。"《中国古代动物学史》注凤皇属极乐鸟科中的种类。有时是以雉类作为原型的神话鸟。愚意凤皇的原型是孔雀。

【译文】 丹穴山中，有一种鸟，样子像鸡，身上长有五种色彩羽毛，它名叫凤凰。头颈的羽毛纹样象征着道德，翅膀上的羽纹象征着义气，背脊的羽纹象征着礼仪，胸口上的羽纹象征着仁爱，腹部的羽纹象征着信誉。这种鸟，吃喝悠闲，自唱自舞，它的出现预示着天下祥和安宁。

鲑鱼

【经文】 鸡山，黑水出焉，而南流注于海。其中有鲑①鱼，其状如鲋②而彘毛，其音如豚，见则天下大旱。

【注释】 ①鲑（tuán）；②鲋（fù）。《汉语动物命名考释》："鲑：犹砖，纺砖即纺锤，青鲑体呈典型的纺缍形。"鲑鱼也称鲐鱼（青鲑），青诸鱼，属海水淡水鱼。《左传·昭公二十七年》记载公元 517 年，苏州厨师熟调鲑鱼出名，故称鲑设渚，这种鱼称为专渚鱼，这是吴国有名的故事。《中国古代动物学史》注此鱼为鲐鱼。它体粗壮微扁，呈纺锤形，头大、前端细尖似圆锥形，眼大位高，口大，上下颌等长，各具一行细牙，犁骨和跨骨有牙、体被细小圆鳞，体背呈青黑色或深蓝色，分布于太平洋西部。我国近海均产之。

【译文】 鸡山中，黑河水从山间流出来，向南方流入大海。水中生长鲑鱼，它的样子像鲋鱼（现称鲫鱼），身披着野猪毛，叫的声音像家猪嚎，它的出现预示着天下发生大的旱灾。

颙

【经文】　今丘之山有鸟焉，其状如枭①，人面四目而有耳，其名曰颙②，其鸣自号也，见则天下大旱。

【注释】　①枭（xiāo）；②颙（yú）；鸋，又做颙，是黄嘴角鸮的古称。传说万历二十年，鸟集豫章城宁寺。高二尺许，燕雀群噪之，是年五月之七月，酷暑异常。又传说万历壬辰，鸟集豫章，人面四目有耳。其年夏无雨，田禾尽枯（吴任臣注）。角鸮常闭眼垂膜，似两个眼睛换着两个眼睛，给人误解为四眼，四耳是角鸮双耳后长有两簇耳羽。古人标记定为旱兆以示族图，以恐民众。《中国古代动物学史》注：此鸟为黄嘴角鸮。为福建、广东、广西、海南、云南、台湾等地留鸟。

【译文】　今丘山中有一种鸟，它的样子像猫头鹰，长着人的面孔，有四只眼睛，两只耳朵，它的名字叫颙。它的叫声像呼唤自己的名字。它的出现预示着天下要发生旱灾。

龙身人面神

【经文】　自天虞之山以至南禺之山，凡一十四山，其神皆龙身而人面。

【注释】　自天虞山到南禺山共十四座山，其山神造像人面鸟身显然与经文所描述的龙身人面不符。愚意此为端公扮装成龙身人面神像进行祭祀。

【译文】　自天虞山到南禺山共十四座山，其山神都是人面龙身神。

西山经

羬羊

【经文】 钱来之山有兽焉，其状如羊而马尾，名曰羬①羊。其脂可以已腊②。

【注释】 ①羬（qián）大羊之意；②腊（xī）。《尔雅》云："羊六尺为羬。"郭璞《山海经图赞》曰：月氏之羊，其类在野，厥高六尺，尾赤如马，何以审之，见是尔雅。"《中国古代动物学史》注其为捻角山羊。

【译文】 钱来山中有一种野兽，它的样子像羊，却长着马的尾巴，名叫羬羊，羊脂可以治疗人体皮肤皱裂。

螐渠

【经文】 松果之山有鸟焉，其名曰螐①渠。其状如山鸡。黑身赤足，可以
已㿔②。

【注释】 ①螐（tóng）；②㿔（báo）。《汉语动物命名考释》注："螐，犹彤，红
色。渠：大。"古代先民认为螐渠是一种可以避灾免祸的奇鸟。螐渠在
古代又称庸渠、草渠。《韵府群玉》曰："庸渠似凫，灰色，鸡脚。"一
名水渠，即今水鸡（杨慎补注引）。《中国古代动物学史》注此鸟为黑
水鸡。它全长30～35厘米，栖于沼泽或近水的灌丛中，一般单独或成
对活动，杂食性，以水生植物嫩芽、根茎以及水生昆虫、软体动物为
食。分布于新疆、西藏以东各省。

【译文】 松果山中有一种奇鸟，它的名字叫螐渠，模样像山鸡，毛色乌
黑，长有红色的鸡距，可治皮皱。

肥螚

【经文】　太华之山，削成而四方，其高五千仞^①，其广十里，鸟兽莫居。有蛇焉，名曰肥螚^②，六足四翼，见则天下大旱。

【注释】　①仞（rèn）；②螚（wèi）。肥螚又称肥遗蛇，是一种毒蛇。郭璞注曰："汤时此蛇见于阳山下。复有肥遗蛇，疑是同名。"《骈雅》曰："肥螚，皆毒蛇也。"《述异记》曰："肥螚西华山有也，见则天下大旱。"《中国古代动物学史》注此为龙蛇图腾。愚意以飞蜥为主型的图腾。体侧有由5—7对延长的肋骨支持的翼膜，具发达的喉囊和三角形颈侧囊；中国已知有裸耳飞蜥和斑飞蜥两种，分布于中国云南西藏等地，以昆虫为食。

【译文】　太华山上，像是被天斧削成的四方状，它的高度有五千仞，其宽度近十里。鸟兽在这里无法居住，这里有种蛇，名叫肥螚，六只脚，四个翅膀，它出现则预示着天下大旱。

㸲牛

【经文】　小华之山，其兽多㸲牛。

【注释】　㸲（zuó）。郭璞注："今华阴山中，多山牛山羊，肉皆千斤，牛即此牛也。"《中国古代动物学史》注此牛为羚牛。羚牛并不是牛，它居于牛科羊亚科，分类上近于寒带羚羊，是世界上公认的珍贵动物之一，在我国被列为国家一类保护动物。因它体形粗壮如牛，而头小尾短，又像羚羊；它叫声似羊，但性情粗暴又如牛，故名羚牛。

【译文】　小华山中，生长的野兽多为㸲牛。

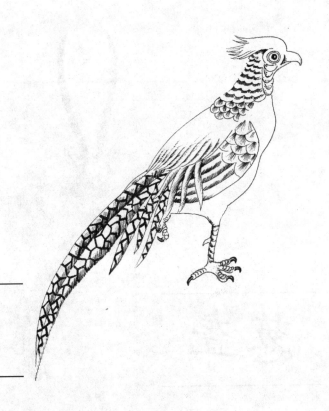

赤鷩

【经文】　小华之山，鸟多赤鷩，可以御火。

【注释】　鷩（bì）。《埤雅》曰："鷩似山鸡而小，冠背毛黄，项上绿色鲜明，胸腹洞赤。"《博物志》注："山鸡有美毛，自爱其色，终日映水，目眩而溺死。"其据特征，此鸟应为红腹锦鸡。红腹锦鸡，又称金鸡，也称宝鸡，是我国特产的美丽鸟类，我国的宝鸡市即是以其命名。它是驰名中外的最漂亮观赏鸟类。它体态纤巧，步履轻盈，雄鸡体长可达1米，身披红、绿、蓝、黄、紫各色羽毛，显得俊美华贵。

【译文】　小华山里，鸟群中有很多赤鷩，可防御火灾。

葱聋

【经文】 符禺之山，其兽多葱聋，其状如羊而赤鬣。

【注释】 葱聋即葱茏的异体，本草茂盛。《事物绀珠》曰："葱聋如羊，黑首赤鬣。"《埤雅》曰："羊之异者，一角谓之㻮㻮，赤鬣谓之葱聋，一角而神谓之鮭鮵。"《中国古代动物学史》注此兽为藏羚。藏羚羊形体健壮，头形宽长，吻部粗壮。雄性角长而直，乌黑发亮，雌性无角。鼻部宽阔略隆起，尾短，四肢强健而匀称。全身除脸颊、四肢下部以及尾外，其余各处被毛丰厚绒密，通体淡褐色。

【译文】 符禺山中的野兽多为葱聋，它的样子像羊，毛色呈赤红色。

鸠

【经文】　符禺之山，其鸟多鸠①，其状如翠而赤喙②，可以御火。

【注释】　①鸠（mín）；②喙（huì）。鸠也称鹃。《广韵》云："鹃鸟似翠而赤喙。"郭璞注："翠似燕而绀色，畜之辟火灾也。"汪绂曰："翠有二种：'山翠大如鸠，青绀色，水翠小如燕，赤喙丹腹，青羽鲜好，短尾，似鸟似山翠而赤喙也。'"《中国古代动物学史》注此鸟为冠鱼狗，显然指水翠。栖于山麓、小山丘或平原森林河流间，静观水中游鱼，一旦发现，立刻俯冲水中捕取，然后飞至树枝吞食。

【译文】　符禺山中的鸟多为鸠鸟，它的身体呈绿色而且长着红色嘴喙，养着它可以防御火灾。

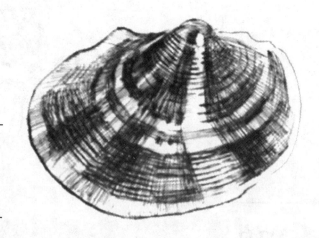

鲜鱼

【经文】　英山，禺水出焉，北流注于招①水，其中多鲜②鱼，其状如鳖，其音如羊。

【注释】　①招（sháo）；②鲜（bàng）。郭璞注："音同蚌蛤之蚌。"《事物绀珠》曰："鲜鱼如龟，金尾，二足，音如羊。"《中国古代动物学史》注此鱼应为鲜。依据古代描述，此鱼为鱼鲜合体图腾，水禽部族画图，供祭祀之用。蚌是生活在淡水里的一种软体动物，介壳长圆形，表面黑褐色，壳内有珍珠层，有的可以产出珍珠。

【译文】　英山，禺水从这里流出，向北流入招水，水中多产鲜鱼，其状像鳖，发出的声音如羊叫。

肥遗（鸟）

【经文】 英山有鸟焉，其状如鹑①，黄身而赤喙，其名曰肥遗，食之已疠②，可以杀虫。

【注释】 ①鹑（chún）；②疠（lì）。汪绂注曰："鹑状如小鸡，有赤鹑元鹑，此肥遗与前肥遗蛇，异物而同名也。疫疠，病疫也，或曰癞也，今麻风疮也。"郭璞曰："肥遗似鹑，其肉已疫。"《中国古代动物学史》注此鸟为雉科类中的竹鸡。竹鸡体长约30厘米，栖于山地、灌丛、草丛、竹林等地方，以玉米、小麦、昆虫为食，善鸣叫。

【译文】 英山有一种鸟，样子像鹑，黄色的身体，却长着红颜色的嘴喙，它的名字叫肥遗鸟，吃了它可治疫病，又可以杀虫。

人鱼

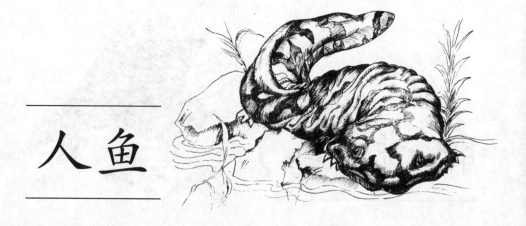

【经文】　竹山，丹水出焉，东南流注于洛水，其中多水玉，多人鱼。

【注释】　人鱼现称鲵鱼。《尔雅注疏》卷九·释鱼注曰："今鲵鱼似鲇，四脚，
前似玃猴，后似狗，声如小儿啼，大者长八九尺。"《本草纲目》曰：
"鲵即鳛鱼之能上树者，俗云鲇鱼上竿，乃此也。"庙底沟文化彩陶和
马家窑文化彩陶都有人面鲵鱼图案，为西北高原先民所崇拜的图腾。
《中国古代动物学史》注此鱼为大鲵。为国家二级保护动物，是现存两
栖动物中最大的一种，在有的地方，身长可达1.8米。

【译文】　竹山，丹水从这里流出，向东南方向流入洛水，水中多产水玉，
多产人鱼。

豪彘

【经文】 竹山有兽焉，其状如豚而白毛，大如笄而黑端，名曰豪彘。

【注释】 笄（jī）。豪彘即豪猪，也称箭猪。郭璞注："夹髀有麤豪，长数尺，能以脊上毫射物也。"《桂海兽志》记："山猪即豪猪，身有棘刺，能振发以射人，二三百为群，以害禾稼，州洞中甚苦之。"《中国古代动物学史》注此兽为豪猪。遇袭时能迅速将身上的棘刺直竖起来，许多猛兽不敢轻易惹它。豪猪以栖树生活为主，喜食白杨树和桉树皮，为森林一大害物。

【译文】 竹山有一种野兽，它的样子像猪却长着白色的毛，毛粗得像古人用的簪子，而它的尖端呈黑色，名叫豪彘。

50

嚻(兽)

【经文】　羭①次之山有兽焉，其状如禺而长臂，善投，其名曰嚻②。

【注释】　①羭（yú）；②嚻（xiāo）。郝懿行按："嚻、夒（náo），声相近。"《说文》："夒，贪兽也，一曰母猴，似人。"郭璞《图赞》曰："嚻兽长臂，为物好掷。"《中国古代动物学史》注此兽为华南猴。也称短尾猴，体形比猕猴大，栖于树上，杂食性，在我国华南地区称为"黑猴"。

【译文】　羭次山有一种野兽，它的样子像猿猴，长着长长的手臂，善于投掷东西，它的名字叫嚻。

橐𩇯

【经文】　羭①次之山有鸟焉，其状如枭②，人面而一足，曰橐𩇯③，冬见夏蛰④。服之不畏雷。

【注释】　①羭（yú）；②枭（xiāo）；③橐𩇯（tuó féi）；④蛰（zhé）。《临海异物志》记载："独足，文身赤口，昼伏夜飞，或时昼出，群鸟噪之。唯食虫豸，不食稻粱。"吴任臣注引《广州志》说"独足鸟，一名山肖鸟，大如鹄，其色苍。"《中国古代动物学史》注引此鸟为短耳鸮。俗称苍鸮短耳，体长35～38厘米，体形与长耳鸮很相似，但耳簇比长耳鸮短得多。在我国繁殖于内蒙古东部、黑龙江和江宁，越冬时，几乎见于全国。主要以鼠为食。

【译文】　羭次山中有一种鸟，形状像枭，人一样的面孔却长着一只脚，名字叫橐𩇯，冬天可以看见它，夏天却蛰伏起来。据说喝了用它做的汤可以不怕雷声。

猛豹

【经文】 南山，兽多猛豹。

【注释】 郭璞注："猛豹似熊而小，毛浅，有光泽，能食蛇，食铜铁，出蜀中。豹或作虎。"郝懿行注："猛豹即貘豹也。"《尔雅·释兽》云："貘，白豹。"唐白居易有《貘屏赞》，其文曰："貘者，象鼻犀目、牛尾虎足，生南山谷中。"由此推断，此兽就是貘。南朝·宋·裴骃《史记集解》引郭璞注："貘似熊。"熊猫本叫猫熊，《四川资源动物志·兽类》载其吃竹以外，也吃骨头、木炭、舔食铁器，参见《汉语动物命名考释》。由此推测此兽疑大熊猫（也称花熊貘）。

【译文】 南山中，生活的野兽多为猛豹。

尸鸠

【经文】　南山，鸟多尸鸠。

【注释】　郭璞注："尸鸠，布谷类也；或曰胡鹥也。鸠或作丘。"《诗经·曹风》："鸤鸠在桑，其子七兮。"《说文》："桔鸲尸鸠。"李时珍在《本草纲目·鸤鸠释名》中说："布谷名多，皆各因其声似呼之。如俗呼'阿公阿婆，割麦插禾，脱却破裤'之类，因其鸣时可为农候故耳，或云：鸠即《月令》鸠也，乃鸣字之讹亦通。"布谷鸟就是斑鸠。《中国古代动物学史》注此鸟为斑鸠。然《中国古代动物学史古动物名考误》认为尸鸠为红脚隼。"鸠占鹊巢"的鸠不是布谷类，红脚隼特喜占鹊巢育雏则有一定道理。

【译文】　在南山中栖息的鸟，多为尸鸠。

熊

【经文】　嶓冢之山，兽多熊。

【注释】　《汉语动物命名考释》注："熊，犹雄、宏、闳、弘、大。熊壮大。"《尔雅翼》记载："熊类犬豕、人足、黑色。春出冬蛰，轻捷，好缘高木，见人自投而下。"《本草纲目·释名》曰："熊者雄也，熊字篆文象形。俗呼熊为猪熊，罴为人熊，马熊，各因形似以为别也。"熊为楚王族姓氏，可据此推断此兽为黑熊。体型肥大，长约1.8米。胸前有一月牙白纹，我国曾普遍分布。

【译文】　嶓冢山中，生活的野兽多为熊。

羆

【经文】　嶓①冢之山，兽多羆②。

【注释】　①嶓（bō）；②羆（pí）。羆为人熊、马熊。《尔雅》："羆如熊，黄白文。"《埤雅》曰："羆高脚纵目，熊缘能立，遇人则攀而攫之。俗云熊羆眼直，恶人横目。"羆为氏族图腾。《中国古代动物学史》注此兽为棕熊。大于黑熊，全身棕黑色。雌体比雄体大，性凶猛，我国除东南部多有分布。

【译文】　嶓冢山中，生活的野兽多为羆（棕熊）。

白翰

【经文】　嶓冢之山，鸟多白翰。

【注释】　翰，鶾（hàn），长大的毛。《尔雅·释诂下》："翰，干也。"白翰为白鹇的古称，也称白鶾。郭璞注："白翰，白鶾也。"《白虎通德论·封禅》有"德至鸟兽则……白雉降"之说。《中国古代动物学史》注此鸟为白鹇。全长约 1.1 米，背、尾白，布满整齐而细的状纹。冠羽及下体灰蓝色，尾羽大。

【译文】　嶓冢山中，栖息的鸟多为白翰。

谿边

【经文】　天帝之山，有兽焉，其状如狗，名曰谿边，席其皮者不蛊。

【注释】　谿（xī）。郭璞注："谿或作谷，边或作遗。"吴任臣按："形如黑狗，
能登木。其皮为衣褥，能运动血气。"《本草纲木》云："川西有元豹，
大如狗，黑色，尾亦如狗，其皮作裘褥甚暖，疑即谿边类也。"《中国
古代动物学史》注此兽为巨松鼠，是体形最大的一种松鼠，体长约7
～46厘米，尾长约36～51厘米，喜食果实、嫩叶、花蕊。白天单独
或成对活动，生性机敏。我国云南、广西、海南有分布，为我国二级
保护动物。

【译文】　天帝山中，有一种奇兽，它的样子像狗，名字叫谿边，把它的
皮当褥席，可以不生寄生虫。

栎

【经文】 天帝之山有鸟焉，其状如鹑，黑文而赤翁，名曰栎，食之已痔。

【注释】 栎（lì）。栎鸟是赤腹鹰的古称。《禽虫典》曰："其状如雕，黑文而赤翁，名曰鸦，食之已痔。"《说文》云："翁，颈毛也。"《事物绀珠》曰："雷鸦已痔。"《中国古代动物学史》注其为赤腹鹰。体长约33厘米，栖于开阔林区，常追逐小鸟，也吃青蛙。赤腹鹰数量甚少，极为珍稀，为国家二级重点保护动物。

【译文】 天帝山上有种鸟，样子像鹑，身上的羽毛是黑色花纹而颈上的羽毛则是红色的，它的名字叫栎。吃了这种鸟肉，可以防治痔疮。

獏如

【经文】　皋①涂之山，有兽焉，其状如鹿而白尾，马足人手而四角，名曰
獏②如。

【注释】　①皋(gāo)；②獏(yīng)。《广雅》曰："西方有兽焉，如鹿白尾，马足人
手四角，其名曰獏如，亦作獏獏。"《事物绀珠》曰："状如白鹿，前两
脚似人手，后两脚似马蹄。"前肢疑端公嫁结，缝合鸱鹈之脚，以作民
族图腾。《中国古代动物学史》注此兽为四角羚羊，偶蹄目牛科，四角
羚属的唯一种，因雄兽具有四只角而得名，生活于开阔的森林中，尤
喜栖于小片森林和灌丛的草地，以草为食。在中国已灭绝，印度、尼
泊尔偶有出现。

【译文】　皋涂山中有一种野兽，它的样子像鹿却长着白色的尾巴，后脚
像马蹄，前脚像人手，头上长着四只角，名叫獏如。

数斯

【经文】　皋涂之山有兽焉，其状如鸱而人足，名曰数斯，食之已瘿。

【注释】　鸱（chī）。《事物绀珠》云："数斯如雄，人足。"这里所述人足为小鸭的脚，为端公缝合于鹰鸱的脚上，作本族图腾之用。《中国古代动物学史》注此鸟乃鹰鸱，属中型猛禽，全长约 30 厘米，栖于山地阔叶林中，在黄昏和夜间活动，飞行迅捷无声，以捕捉鼠、鸟为食，为国家二级保护动物。

【译文】　皋涂山中，有种鸟，样子像鸱却长着人的脚，它的名字叫数斯，吃了它的肉可以治疗脖子上长瘤子。

犤

【经文】　黄山有兽焉，其状如牛而苍黑大目，其名曰犤。

【注释】　犤（mǐn）。《逸周书·王会篇》："数楚每牛，每牛者，牛之小者也。"
《事物绀珠》曰："苍黑色，大目。"《图赞》："犤兽，大眼。"每牛即犤
牛，为黄牛，乃蒙古黄牛的祖型。

【译文】　黄山中，有一种野兽，它的模样像牛，却长着苍黑色的毛皮，
一双大大的眼睛，名叫犤。

鹦䴔

【经文】　黄山，有鸟焉，其状如鸮，青羽赤喙，人舌能言，名曰鹦䴔。

【注释】　䴔（mǔ）。《汉语动物命名考释》注："䴔，犹婴、颈饰。"《本草纲目》："鹦䴔如婴儿之学母语，故字从婴母。"《尔雅翼》："此鸟其舌似小儿，故能委曲其音声以像人尔；又鸟目下睑眨上，唯此鸟两睑俱动如人目。盖羽虫之能人言者，必有人形之一端。"根据其特征，疑此鸟为大绯胸鹦鹉。栖于低地的各种型态开阔林区，喜食水果、花蜜、花、无花果、坚果、浆果、种子等。

【译文】　黄山中有一种鸟，它的样子像鸮（猫头鹰），青色羽毛，红色嘴喙，舌似小儿，能仿人说话，名字叫鹦䴔。

旄牛

【经文】　翠山，其阴多旄牛。

【注释】　旄（máo）。《山海经图》云："（潘）侯山有兽，状如牛，其足有四节而毛长，名曰旄牛。"汪绂注："旄牛一名犛牛，长毛尺许，尾背项膝毛尤长，可为旄纛之用，巴蜀之西南多有之。"《中国古代动物学史》注此牛为牦牛。体形大而毛色粗亮，但比印度野牛略小，因全身密集的绒毛而得名，是青藏高原特有的牛种，善走陡坡险道，跋山涉水如行平地，能驮善耕，素称"高原之车"。

【译文】　翠山的北边多产旄牛。

麢

【经文】　翠山，其阴多麢。

【注释】　麢（líng）。麢，作羚译。即羚羊。郭璞注："麢似羊而大，角圆锐，好在山崖间。"《释兽》曰："麢，大羊。羚羊，似羊而大，角有圆绕威文，夜则悬角木上以防患。"《本草纲目·麢羊释名》曰："鹿则比类，而环角外向以自防；则独栖，悬角木以远害，可谓灵也，故字从鹿，从灵。"现称为麒麟。偶蹄目，牛科的一类，似山羊，有的很大，一般雄性有角，某些种类雌性亦有角。栖息于旷野、荒漠及山区。产于西藏、青海和甘肃等地。

【译文】　翠山的北面多产羚羊。

麝

【经文】　翠山，其阴多麝。

【注释】　麝（shè）。《说文》曰："麝如小麋，脐有香。"《本草纲目》曰："麝之香气远射，故谓之麝。"《别录》曰："麝生中台山谷及益州雍州山中，春分取香，生者益良。"麝产麝香分三等，第一等为生香，也称遗香，第二等为脐香，第三等为心结香。麝香为中药名贵药材，此兽为麝，偶蹄目，鹿科。体小，雄兽，脐部有麝香囊。它长约 90 厘米，雄兽犬齿，獠牙露于唇外。现数量稀少。

【译文】　翠山上，其北面多产麝。

鸓

【经文】 翠山，其鸟多鸓，其状如鹊。赤黑而两首四足，可以御火。

【注释】 鸓（lěi）。称其为双头奇鸟，乃古人误判，认为天上飞的就是鸟，其实它是哺乳动物鼯兽。《胡文焕图说》云："东华山有鸟，状如鹊，色赤黑，一身、二首、四足。"《事物绀珠》云："鸓、鹊、鴸鵌俱辟火。"据此推断，古人祭祀此图腾以求避山火。也就是烧荒以利野生稻"稻"的自生长。鼯鼠双头乃变异种，可为氏族象征。此为鼯鼠。身体似鼠，尾蓬松，前后肢之间有皮膜相连，能在林间滑翔，体长40厘米，陕西、福建及以南有产。

【译文】 翠山上栖息的鸟，多为鸓鸟，它的模样像喜鹊，浑身红黑相间，却长着两个脑袋、四只脚，畜养它可防火灾。

羭山神

【经文】 自钱来之山至于𩣡山，凡十九山……羭山神也。

【注释】 𩣡（guī）。汪绂注："羭山神也，言其山之神，羭也。羭，羊属。"愚意羭山神为钱来山到𩣡山十九山的共主，也就是盟主，死后被尊为羭山神，祭祀时由端公扮装。

【译文】 从钱来山到𩣡山，共十九座，它们的山主祭山神为羭山神。

鸾鸟

【经文】 女床之山有鸟焉，其状如翟而五采文，名曰鸾鸟，见则天下安宁。

【注释】 《禽经》称鸾为瑞鸟。《山海经图》云："女床山有鸟，状如翟，玉乘毕备，身如雉而尾长，名曰鸾，见则天下太平。"青色鸟多鸾，此鸟为绿尾虹雉。全长约 76 厘米，尾长近 30 厘米，雄鸟上体大多是金属铜绿及紫色，尾羽蓝绿色，分布在青海、四川等高山上。

【译文】 女床山上，有一种鸟，它的样子像翟，却长着五彩羽毛，它的名字叫鸾鸟。只要它出现，天下便太平。

凫徯

【经文】 鹿台之山有鸟焉，其状如雄鸡而人面，名曰凫徯，其鸣自叫也，
见则有兵。

【注释】 凫徯(fú xī)。凫徯也称凫溪，吴任臣按，刘会孟曰："鸟人面者，非大美
则大恶；大美者频迦，大恶者凫徯。"《宜春县志》："崇祯九年夏大旱，
谷每石至八两。秋七月，郴江一带凫徯见。"这里所说的凫徯叫赤膀
鸭。分布很广，巢多置于远离水域的灌丛间，主要以植物为主食。

【译文】 鹿台山上，有一种鸟，它的样子像雄鸡而长着人的面孔，名字
叫凫徯。它的叫声如同呼叫自己的名字。它一旦出现，便会发
生战争。

朱厌

【经文】　小次之山有兽焉，其状如猿，而白首赤足，名曰朱厌，见则大兵。

【注释】　朱厌属猿猴兽类。《图赞》曰："㐸㺌朱厌，见则有兵。类异感同，理不虚行。推之自然，厥数难明。"白首指白眉，此兽为白眉长臂猿。我国亚种，左右眉不相连接，体毛较长，国内仅分布于云南西部怒江以西的保山、腾冲、盈江和陇川。

【译文】　小次山上有一种野兽，它的样子像猿猴，却长着白色的脑袋，红色的脚，名字叫朱厌。它一出现，人间便会发生大的战事。

虎

【经文】　厔阳之山，其兽多虎。

【注释】　厔（zhì）。《本草纲目》曰："按格物论云，虎，山兽之君也，状如猫而大如牛。黄质黑章，锯牙钩爪，须健而尖，舌大如掌生倒刺，项短鼻齆，夜视。一目放光，一目看物，声吼如雷，风从而生，百兽震恐。"此兽为典型的东北虎。它是现有最大的猫科动物，平均体长2.8米左右。栖居于森林、灌木和野草丛生的地带，独居，无定居，具领域行为。夜行性，感官敏锐，性凶猛，行动迅速，善游泳，捕食大中型哺乳动物，偶食小型哺乳动物和鸟。

【译文】　厔阳山上，生活的野兽多为老虎。

犵

【经文】　厘阳之山，其兽多犵。

【注释】　犵（zhuó）。《汉语动物命名考释》："犵，犹驳、豻、鸮，色彩斑驳者。"吴任臣按："《字海》云，犵，兽，豹文。"《字汇》云："犵，又音腰，状如狗而文首。"据此特征，此兽为豹。猫科，豹类通犵，体比虎小，密布点斑或环纹斑，性凶猛，栖息在树林中。

【译文】　厘阳山上，生长的野兽多为犵子。

麋

【经文】　西皇之山，其兽多麋。

【注释】　《本草纲目》曰："麋生南山山谷及淮海边，十月取之。麋，鹿属也，牡者有角。麋似鹿而色黑，大如小牛肉蹄，目下有二窍，为夜目。"《尔雅翼》曰："麋与鹿相反，鹿是阳兽，情淫而游山，夏至得阴气而解角，从退阳之象；麋是阴兽，性淫而游泽，冬至得阳气而解角，从阴退之象；今海陵至多千百为群，多牝少牡。"由此可见，此兽为麋鹿，又称四不像。体大，长约两米，雄鹿有角。主蹄宽大能分开，为我国特产。

【译文】　西皇山中，生活的野兽多为麋鹿。

鹿

【经文】　西皇之山，其兽多鹿。

【注释】　《本草纲目》曰："鹿，处处山林中有之，马身羊尾，头侧而长，高脚而行速。牡者有角，夏至则解，大如小马，黄质白斑，俗称马鹿；牝者无角，小而无斑，毛杂黄白色，俗称麀鹿，孕六月而生子。鹿性淫，一牡常交数牝，谓之聚麀。"《述异记》曰："鹿千年化为苍，又五百年化为白，又五百年化为元。"根据古籍所描述的特点，此兽为梅花鹿。栖于有稀树的丘陵地区，白天隐于林中，晨昏出来活动，行动敏捷，以嫩芽、树叶、野果、苔藓为食。

【译文】　西皇山中的野兽有很多是鹿。

人面马身神

【经文】　自铃山至于莱山，凡十七山……其十神者，皆人面而马身。

【注释】　铃（qián）。古人称人面马身神为十辈神，汪绂本图名之为西山十神。
祭祀十神，规格：毛物用一杂色雄鸡，而不用米做的祭祀品。

【译文】　从铃山到莱山，共有十七座山……其中的十座山的山神，全部
为人的面孔，马的身体。

人面牛身神

【经文】 自铃山至于莱山，凡十七山……其七神皆人面牛身，四足而一
臂，操杖以行，是为飞兽之神。

【注释】 此神形象为巫师的扮装，借牛皮猗杖行祭祀之礼。在祭祀时，以白菅
编制成席，将供品羊、猪放在席上，其规格为少牢礼。

【译文】 从铃山到莱山，共有十七座山……其中七座山的山神都为人的
面孔、牛的身体，四只脚却长着一只臂膀，且操权杖以行，能
行疾如飞，故称飞兽之神。

举父

【经文】　崇吾之山有兽焉，其状如禺而文臂，豹虎而善投，名曰举父。

【注释】　举父也称夸父，属猕猴类。"豹虎"袁珂认为应为"豹尾"之误。郭璞曰："今建平山中有㺍，大如狗，似猕猴，黄黑色，多髯鬣，好奋迅其头，能举石擿人，玃类也。"今峨眉山多有这样的猴子向路人取食，属大型猴类，名为藏酋猴，力大尾长。

【译文】　崇吾山中有一种野兽，它的样子像猿猴，却长着有毛纹的臂膀，豹的尾巴，善投东西，名字叫举父。

蛮蛮(比翼鸟)

【经文】　崇吾之山，有鸟焉，其状如凫，而一翼一目，相得而飞，名曰
蛮蛮，见则天下大水。

【注释】　古书中的比翼鸟多是瑞禽，是吉祥与比翼齐飞的象征。《周书》曰：
"成王时，巴人献比翼鸟。"《瑞应图》曰："王者德及高远，则比翼鸟
至。"《山海经》中的比翼鸟在上古为凶兆，乃是古人所造。根据其特
征，疑为凤头潜鸭。凤头潜鸭体长42厘米，栖息大型草泽、湖泊，群
聚性较强，主要在白天觅食，以动物性食物为主，尤其喜爱贝类及软
件动物，善于潜水。

【译文】　崇吾山上有一种鸟，它的样子像野鸭，却长着一个翅膀、一只
眼睛，两只鸟合在一起才能飞翔，它的名字叫蛮蛮。它一出现
就预示天下将发洪水。

鼓

【经文】 钟山，其子曰鼓，其状如人面而龙身，是与钦䲹杀葆江于昆仑之阳，帝乃戮之钟山之东山曰崂崖。钦䲹化为大鹗，其状如雕而黑文白首，赤喙而虎爪，其音如晨鹄，见则有大兵。鼓亦化为鵕鸟，其状如鸱，赤足而直喙，黄文而白首，其音如鹄，见则其邑大旱。

【注释】 䲹（pí）：此鸟原型为鱼鹗。鼓是钟山神烛阴（烛龙）的儿子，其特征为人面龙身，人面为佩戴的面具，龙身为披鳄鱼皮做的衣服传说二首领死后，钦䲹变成了大鹗，鼓化作了鵕鸟，他们的出现就是兵灾和大旱的征兆。

【译文】 钟山山神的儿子叫鼓，人面龙身，他和钦䲹将葆江（部族首领）杀死在昆仑山南麓的崂崖，黄帝闻讯大怒，将二者杀死在钟山东面的崂崖。钦䲹被杀后化为一只大鹗，它的形状像大雕，而全身是黑色的花纹，白色的脑袋，红色的喙，还长着虎一样的爪子，它的叫声如晨鹄一样。它一出现，天下就会发生战事。鼓也化成了鵕鸟，它的形状很像鸱鹰，红色的足爪，直直的嘴巴，身上的羽毛是黄色有花纹，头部则是白色的羽毛。它的叫声与天鹅相似。它一出现预示着天下大旱。

钦䲹

【经文】 钟山，其子曰鼓，其状如人面而龙身，是与钦䲹杀葆江于昆仑之阳，帝乃戮之钟山之东曰嶰崖，钦䲹化为大鹗，其状如雕而黑文白首，赤喙而虎爪，其音如晨鹄，见则有大兵。

【注释】 鹗：猛禽中特别凶猛者。钦䲹也称钦负，堪坏，神话中鸟原型为鹗，亦称"鱼鹰"，雄鸟长约 50 厘米，嘴钩曲，爪趾密生小刺。头后羽毛延长，呈矛状，背部暗黑色。常在水面低翔捕食游鱼。

【译文】 钟山，其山神的儿子叫鼓，人面龙身，他和钦䲹合谋将葆江（部族首领）杀死在昆仑山的南边的嶰崖，黄帝闻讯大怒，将二者杀死在钟山东面的嶰崖，钦䲹被杀后化为一只大鹗，它的形状像大雕，而全身是黑色的花纹，白色的脑袋，红色的啄，还长着虎一样的爪子，它的叫声如晨鹄一样，它的出现必然会发生兵灾。

鵸鸟

【经文】　钟山，其子曰鼓，其状人面而龙身，是与钦𬇕杀葆江于昆仑之阳，帝乃戮之钟山之东曰崌崖。钦𬇕化为大鹗，见则有大兵，其状如雕而黑文白首，赤喙而虎爪，其音如晨鹄，见则有大兵。鼓亦化为鵸鸟，其状如鸱，赤足而直喙，黄文而白首，其音如鹄，见则其邑大旱。

【注释】　鵸，神话中鸟，原型鸟为鸱鸮类以褐林鸮为主型的图腾。全长约50厘米，属中型猛禽，栖于山林之中，以鼠类、昆虫为食。

【译文】　钟山，其山神的儿子叫鼓，它的模样像人的面孔和龙的身体，他和钦𬇕合谋将葆江（部族首领）杀死在昆仑山的南边的獭崖，黄帝闻讯大怒，将二者杀死在钟山东面的崌崖，钦鸟被杀后化为一只大鹗，它的形状像大雕，而全身是黑色的花纹，白色的脑袋，红色的嘴啄，还长着虎一样爪子，它的叫声如晨鹄一样鸣叫，它的出现必然导致兵灾。鼓也化成了鵸鸟，它的形状很像鸱鹰，红色的足爪，直直的嘴巴，身上的羽毛是黄色有花纹，头部则是白色的羽毛。它的叫声与天鹅相似。它一出现预示着天下大旱。

文鳐鱼

【经文】　泰器之山，观水出焉，西流注于流沙。是多文鳐①鱼，状如鲤鱼，鱼身而鸟翼，苍文而白首赤喙，常行西海，游于东海，以夜飞。其音如鸾鸡，其味酸甘，食之已狂，见则天下大穰②。

【注释】　①鳐（yáo）；②穰（ráng）。《埤雅》云："文鳐长尺许，有翼。"《神异经》云："海中有烜洲，洲有温湖，鳐鱼生焉，长八尺。"《吕氏春秋·本味篇》曰："味之美者，藿水之鱼，名曰鳐。"根据其特征，此鱼为文鳐鱼或斑鳐。性喜成群，常在水面游泳。它们的胸鳍很长，能用此鳍在水面上滑翔。

【译文】　泰器山，观水由此流出，向西流入流沙河，这里多产文鳐鱼，样子像鲤鱼，并长鸟的翅膀，灰色花纹，白色的脑袋，红色的嘴喙。经常在西海活动，又遨游于东海，并在夜间飞翔。它发出的声音如鸾鸡叫。它一旦出现，就预示着天下将获得大丰收。

蠃母

【经文】　槐江之山，丘时之水出焉，而北流注于泑①水，其中多蠃②母。

【注释】　①泑(yōu)；②蠃(luǒ)。蠃母即螺，上古先民多以此为食。《尔雅翼》曰："蠃附壳而行，种类甚多，生水田者差大，惟食生泥；生溪涧中者绝小，食苔而洁。"《淮南子》曰："古者民茹草饮水，采树木之实，食蠃蟺之肉，时多疾病毒伤之害，于是神农乃始教民播种五谷，尝百草之滋味，水泉之甘苦。"此螺为沼螺。软体动物门中腹足目豆螺科的一属，壳高一般10毫米以上，壳坚厚。壳面螺旋纹或螺棱。中国境内广为分布。

【译文】　槐江山，丘时水从这里流出，并向北流入泑水，水中多产蠃母。

英招

【经文】　槐江之山，实惟帝之平圃，神英招^①司之，其状马身而人面，虎文而鸟翼，徇于四海，其音如榴^②。

【注释】　①招（sháo）；②榴（liú）。英招为梭江山的山神。玄圃为天然牧场。榴同抽，引出，提取。

【译文】　槐江山，这里是黄帝的玄圃，天神英招管理着这个地方。他的身子像马，但有一副人的面孔，身上有老虎一样的花纹，并长着鸟的翅膀，周游于四海，发出的声音如榴。

天神

【经文】　槐江之山，爰有淫水，其清洛洛。有天神焉，其状如牛，而八足二首马尾，其音如勃皇，见则其邑有兵。

【注释】　愚意天神为部族首领死后化身。端公造像以祭祀，在部族征战时出现，以预示兵灾。

【译文】　槐江山，这里有溪水荡漾，汩汩而流，有个天神啊，样子像牛，却长八只脚，两个头，并长着马的尾巴，它发出的声音如同吹奏乐器时薄膜发出的声音，他的出现就预示着这个地区有兵灾。

陆吾

【经文】 昆仑之丘，是实惟帝之下都，神陆吾司之。其神状虎身而九尾，
人面而虎爪。是神也，司天之九部及帝之囿时。

【注释】 囿（yòu）。庄子称陆吾为肩吾，为昆仑部落首领，衣着虎皮，缝九尾以
示部族强大。胡文焕图说称陆吾为坚吾，生为当地首领，死为当地神
守。蒋本图中之立姿形状较接近原始。

【译文】 昆仑丘是黄帝在下界的都邑，天神陆吾管理着这个地方。它的
形状像老虎，长着九条尾巴，生有一副人的面孔，而长着老虎
一样的爪子。这个神呀，主管着上天九域的部界和黄帝的下界
园囿。

土蝼

【经文】　昆仑之丘有兽焉，其状如羊而四角，名曰土蝼，是食人。

【注释】　土蝼，《广韵》作土羷，并云："似羊四角，其锐难当，触物则毙，食人。"食人即吃人，此处亦可当伤害人讲，可见此兽为食肉动物，似羊不是羊。《中国古代动物学史》注此兽为猞猁，猞猁耳毛为两簇，两耳四簇，似四角。体长85～105厘米，尾长约20～30厘米。栖息多岩石的森林中；夜行性，以鸟和小型哺乳类为食，分布于我国西部和北部。

【译文】　昆仑丘有一种怪兽，它的样子像羊却长着四只角，名字叫土蝼，经常伤害人。

钦原

【经文】 昆仑之丘有鸟焉，其状如蜂大如鸳鸯，名曰钦原，蠚鸟兽则死，
蠚木则枯。

【注释】 蠚（hē）。《汉语动物命名考释》："钦，犹嵌、琴、芩，延长物或高长
上。原，犹羱、刓、园、圆，环义。"《骈雅》云："钦原，蠚鸟也。"
郭璞《图赞》曰："钦原类蜂，大如鸳鸯，触物则毙，其锐难当。"郭
郭以此鸟类蜂的推断，疑为蜂鸟，蜂鸟为世界上最小的鸟。《中国古代
动物学史考误》中认为，钦原为针尾鸭，立论详正，可采信。针尾鸭
个体较绿头鸭小，有细花。中央尾羽针状延长。

【译文】 昆仑丘有种鸟，它的样子像马蜂，大得像鸳鸯，名字叫钦原。
它螫鸟兽，鸟兽就死，它螫树木，树木就枯萎。

鲭鱼

【经文】　乐游之山，桃水出焉，西流注于稷泽，是多白玉。其中多鲭鱼，其状如蛇而四足，是食鱼。

【注释】　鲭（huá）。《字书》："鲭鱼有二，鸟翼如鱼者音滑，子桐水之鱼是也，如蛇四足者音骨。"汪绂在注中有所不同，称"鲭鱼似鲇，腹下赤，前足如鳖足，多产于西流之水。"这种鱼从形态看是两栖类动物，疑是康定滑蜥。多生活在2000米以上的高山地区，我国西藏广有分布。

【译文】　乐游山，桃水从这里流出，向西流入稷泽，这里多产白玉。水中多产鲭鱼，其样子像蛇却长着四只脚，经常吃鱼。

90

长乘

【经文】 乐游之山，西水行四百里，曰流沙，二百里至于嬴母之山，神
长乘司之，是天之九德也。其神状如人而犳尾。

【注释】 传说大禹治水到洮水，有一长者代表天帝将黑玉交给他，疑是此神。
人状犳尾，上古时期古人多衣着豹皮兽尾拖地。长乘为此地部族首领，
死后尊为山神。

【译文】 乐游山，向西水行四百里，名叫流河。再过二百里就到了嬴母
山，山神长乘管理着这里。据说它是天上九德之化生。他的形
状如人的模样却拖着犳子的尾巴。

西王母

【经文】　玉山，是西王母所居也。西王母，其状如人，豹尾虎齿而善啸，蓬发戴胜，是司天之厉及五残。

【注释】　西王母乃上古西羌部族首领。由于西王母上古时期衣着兽皮，豹尾拖垂，头戴猕猴面具，面饰虎纹刺青，手执权杖，其形象为穴居蛮人酋长之状。《山海经图》云："天帝之女，蓬头虎颜，穆王执贽，赋诗交欢，韵外之事，难以俱言。"周穆王见西王母时，西王母作赋《天子谣》示好。可见西王母作部族首领名号，传承时间悠久。

【译文】　玉山，是西王母所居住的地方。西王母样子像人，拖着豹一样的尾巴；而且长着虎一样的牙齿，善于啸叫，蓬发，头上戴着玉胜（古代纺线轴杖），掌管着上天的灾厉和五刑残杀之事。

狡

【经文】 玉山是西王母所居也，有兽焉，其状如犬而豹文，其角如牛，其名曰狡，其音如吠犬，见则其国大穰。

【注释】 《汉语动物命名考释》："狡，犹狡（jiǎo）、獥（jiào）、蛟，小者之称，狡狗年少。"《周书·王会篇》云："匈奴狡犬，狡犬者，巨身四足，果《广韵》作巨口黑身为异疑即此，而此经狡无犬名，《周书》狡犬又不道有角疑未敢定也。疑为古羌族庆祝丰收时加牛角于藏獒头上以示祭祀，此兽主型为藏獒。《尔雅·释畜》："犬四尺为獒"，今藏獒体大毛长，性沉静而勇猛，是我国良种狗。

【译文】 玉山是西王母居住的地方，这里有一种怪兽，它的样子像狗却有豹一般的花纹，长的角像牛，它的名字叫狡，发出的声音像狂狗叫，如果有它出现，天下就会粮食丰收。

胜遇

【经文】　玉山是西王母所居也，有鸟焉，其状如翟而赤，名曰胜遇。是食鱼，其音如录（鹿）。见则其国大水。

【注释】　胜（shèn）。《玉篇》有鹨字，音生，鸟也，疑鹨即胜矣。《事物绀珠》云："胜遇如翟而赤，食鱼。"《骈雅》："蛮蛮，胜遇，皆水鸟也。"愚意此鸟为翠鸟，亦称"钓鱼郎"，常栖于水边树枝或岩石上，伺机捕获鱼虾，飞近水面，突然啄取。

【译文】　玉山是西王母所居住的地方，有一种鸟，它的样子像野鸡而长着红色的羽毛，名字叫胜遇，它喜欢以鱼为食。它的叫声像鹿鸣。如果它出现，这个国家就会发生水灾。

神魂氏

【经文】 长留之山，其神白帝少昊①居之。其兽皆文尾，其鸟皆文首。是
多文玉石，实惟员神魂②氏之宫。是神也，主司反景③。

【注释】 ①昊(hào)；②魂(wěi)；③景(yǐng)。神魂氏就是少昊，也称金天氏，名
挚。相传它在归墟创建了以鸟为图腾的部族（也称少昊之国）。鸷是百
鸟之王，后来少昊返回西方，就是长留山，死后被尊为员神，他是负
责管理日落之光照景象是否正常。

【译文】 长留山，神仙白帝少昊就在这座山中居住。山中的野兽都长着
有花纹的尾巴，山中的鸟都长着有花纹的脑袋。这里多产玉石，
山上有白帝少昊的宫殿，少昊这个神掌管着太阳落入西山时光
线射向东方的反射光影。

狰

【经文】 章莪之山，无草木，多瑶碧，所为甚怪。有兽焉，其状如赤豹，五尾一角，其音如击石，其名曰狰。

【注释】 莪（é）。吴任臣曰："狰又音争，一曰似狐有翼。"黄氏续《离骚经》曰："鸟授翼於狩狰。"又注云："似豹一角，五尾。"愚意狰为猫图腾，"五尾"系五节纹尾巴。以丛林猫为主型。

【译文】 章莪山，没有花草和树木生长，山上多产名叫瑶碧的矿石，山中多有一些怪异的动物，有一种野兽，它的样子像豹，却长着五条尾巴，头上只长着一只角，它的叫声很像敲击石头的声音，它的名叫狰。

毕方

【经文】 章莪之山有鸟焉，其状如鹤，一足，赤文青质而白喙，名曰毕方。其鸣自讵也。见则其邑有讹火。

【注释】 讹（é）。毕方古为兆火之鸟。《淮南子》高诱注说："毕方，木之精也，状如鸟，青色、赤脚、一足，不食五谷。"《白泽图·火之精》曰："毕方，状如鸟，一足，以其名呼之则去。"均描述它的特征为一足，鹤立时，常抬起一足。此鹤为赤颈鹤，属大型涉禽。栖息于多草的平原、水田、沼泽湿地及森林边缘，以稻谷及水生植物的根、块茎为食，也取食鱼类和蛙类，多产于云南，属国家二级保护动物。

【译文】 章莪山上有一种鸟，它的样子像鹤，一只脚，身有红色羽毛纹样，青黑的尾羽，白色的喙，名叫毕方。它叫的声音，如同呼唤自己的名字。它出现这个地方会发生怪火。

天狗

【经文】　阴山有兽焉，其状如狸而白首，名曰天狗。其音如榴榴，可以御凶。

【注释】　《汉语动物命名考释》注："天狗，狗獾会爬树吃果实。"《事物绀珠》云："天狗如狸，白首，音如猫，食蛇。"吴任臣注曰："大荒有赤犬，曰天犬，其所下者有兵。"此兽为狗獾。体长约60厘米，体肥壮，面部似狗，四肢短健，通于自卫，常咬伤单个来犯的猎狗，国内广泛分布。

【译文】　阴山有一种野兽，样子像狐狸却长着白色的脑袋，名字叫天狗。它发出的声音像猫叫，可以抵御凶残野兽的袭击。

江疑

【经文】 符惕之山，其上多棕楠，下多金玉，神江疑居之。是山也，多怪雨，风云之所出也。

【注释】 惕（dàng）。江疑为符惕山山神，主管风云雨。《礼记·祭法》云："山林川谷丘陵，能出云，为风雨，见怪物，皆曰神，即斯类也。"《图赞》曰："江疑所居，风雨是潜。"愚意江疑生前为符惕山部族首领。

【译文】 符惕山上多生长产棕树、楠树，山下多产黄金和玉石，山神江疑居住在这里。这座山啊，多下怪雨，从山中能涌出风云。

三青鸟

【经文】 三危之山，三青鸟居之。是山也，广员百里。

【注释】 关于三青鸟的种类，《大荒西经》有记曰："西王母之山有三青鸟，赤首黑目，一名大鸳，一名少鸳，一名曰青鸟。"大鸳为白鹈鹕，少鸳为斑嘴鹈鹕，青鸟为绿尾虹雉。

【译文】 三危山，三青鸟栖息在这里。这座山呀，占地广阔，方圆百里。

獓㹠

【经文】 三危之山，其上有兽焉，其状如牛，白身四角，其豪如披蓑①，其名曰獓㹠②，是食人。

【注释】 ①蓑（suō）；②獓㹠（áo yè）。《骈雅》曰："牛四角而白，曰獓㹠。"《玉篇》引此作"獒㹠"。此兽为白牦牛。

【译文】 三危山上有一种野兽，样子像牛，白色的身子并长着四只角，它的皮毛很长，好像农人披的蓑衣，它的名叫獓㹠，是食人兽。

鸱

【经文】 三危之山有鸟焉，一首而三身，其状如鸮，其名曰鸱。

【注释】 鸱（luò）。《汉语动物命名考释》注："鸱，犹脂、指，枝状伸出部分，言猫头鹰的一对毛角。"郝懿行注："今东齐人谓鸱为老雕，盖本为鸱雕，声近转为老雕耳。"郭璞注："鸱，似雕，黑文赤颈。"鸱为鸟图腾，此鸟为褐林鸮。全长63—70厘米，栖息于草原及湿地附近的山林。多在飞翔中或伏于地面捕食，取食鱼、蛙、鼠等动物，也食昆虫。

【译文】 三危山有一种鸟，长着一个脑袋、三个身子，它的样子似鸮，名字叫鸱。

耆童

【经文】 骓①山，其上多玉而无石。神耆②童居之，其音常如钟磬（或
磬③）。其下多积蛇。

【注释】 ①骓（guī）；②耆（qí）；③磬（qìng），古代的一种乐器，选用有音律
的石头，悬挂在架上，用硬物击发出音响，悦耳动听。耆童即老童，
上古先帝颛顼的儿子，是传说中的音乐创始人。

【译文】 骓山，它的山上多玉却没有石头，神耆童就住在这里，他敲击
石磬发声音如钟声回响。山下有很多积蛇。

帝江

【经文】 天山有神焉，其状如黄囊①，赤如丹火，六足四翼，浑敦无面目，是识歌舞，实为帝江②也。

【注释】 ①囊（náng）；②江（hóng）。帝江即帝鸿氏，据神话传说就是黄帝。《左传·文公十八年》云："昔帝鸿氏有不才子……天下之民谓之浑敦（即浑沌）。"杜预注："帝鸿，黄帝。"愚意这是先民依据传说，将猪杀死后，穿其皮囊并缝上鸟翼，扮天神以示崇拜。无面目，并不是无首，乃蓬发盖颜。

【译文】 天山有一个神，它的样子如黄皮囊，皮色红如丹火，六只脚，四只翅膀，浑然找不到它的面部和眼睛。它能欣赏歌舞。这就是帝江。

蓐收(红光神)

【经文】　泑①山，神蓐收②居之。是山也，西望日之所入，其气员，神红光之所司也。

【注释】　①泑（yōu）；②蓐（rù）。蓐收是传说中的西方天帝少昊（即神魂氏）的儿子，被上古先民尊为西方刑神、金神。《吕氏春秋·孟秋篇》："其神蓐收。"高诱注云："少暭氏裔子曰该，实有金德。死托祀为金神。"《国语·晋语》云："虢公梦在庙，有神人面、白毛、虎爪，执钺，立於西阿。"史嚚曰："蓐收也，天之刑神也。"蓐收被先民尊为司日入之神，也称红光神，生前为部族首领。

【译文】　泑山，神蓐收居住在这里。这座山啊，向西望去，可以看到太阳落山的景象，其气象也是圆形的，天神红光主管着这件事情。

讙

【经文】　翼望之山有兽焉，其状如狸，一目而三尾，名曰讙①，其音如奪百声，是可以御凶，服之已瘅②。

【注释】　①讙（huān）；②瘅（dān）。《五侯鲭》云："獂一目三尾，音夺众音，即斯兽也。"《图赞》中注"讙或作原。"由此可见，讙，又作原或称獂。愚意讙为狗獾。长约60厘米，体肥壮，面部似狗，四肢短健，国内广泛分布。

【译文】　翼望山有一种野兽，它的样子像狸，一只眼睛，三条尾巴，它的名字叫讙。它能发出百种声音。它能够御凶，人吃了它的肉就可以治黄疸病。

鸪䳅

【经文】 翼望之山有鸟焉，其状如乌，三首六尾而善笑，名曰鸪䳅①，服
之使人不厌②，又可以御凶。

【注释】 ①鸪䳅(qí tú)；②厌(yǎn)。《事物绀珠》云："有鸟焉，其状如乌，九首
六尾，善笑。自为雌雄，黄氏之误也。"《骈雅》云"鸪䳅三首。"郭璞
《图赞》云："鸪䳅三头，猨兽三尾。俱御不详，消凶辟眯。君子服之，
不逢不题。"这里所述的鸪为红尾鸪。亦称花红燕儿，体长约15厘米。
䳅为地鸦，地鸦在乌鲁木齐，发现仅有2000只，已非常稀少。愚意鸪
䳅为合体图腾。

【译文】 翼望山有一种鸟，它的样子很像乌鸦，但生长着三个头、六条
尾巴，而且善于嘻笑，它的名字叫鸪䳅。人如果吃了它的肉，可
以睡得香甜，不做恶梦，还可以防御凶灾。

羊身人面神

【经文】 崇吾之山至于翼望之山，凡二十三山……其神状皆羊身人面。

【注释】 汪绂注中说："此三经之山大略在金城以西，张掖酒泉敦煌以极，于回纥土番之境之山也。"此神被上古先民尊为西山神。祭祀他要用一块彩色的玉器，粮食要用精选的高粱米。

【译文】 从崇吾山到翼望山，共二十三座山……这些山神的神状都为羊的身体、人的面孔。

白鹿

【经文】　上申之山，兽多白鹿。

【注释】　白鹿在古代被认为是吉瑞之兽。《宋书·符瑞志》："王者明惠及下，则
　　　　　至。"《国语·周语》云："穆王征犬戎……得四白鹿以归。"白鹿为鹿
　　　　　的白化种类，极为稀少。《白鹿颂》对其体征有所描述："皎皎白鹿，
　　　　　体质驯良。其质皓曜，如鸿如霜。"

【译文】　上申山上生活的野兽多为白鹿。

当扈

【经文】　上申之山，其鸟多当扈①，其状如雉②，以其髯③飞。食之不眴④目。

【注释】　①扈(hù)；②雉(zhì)；③髯(rǎn)；④眴(shùn)。胡文焕曾言："当扈状如雉，飞咽毛尾似巴蕉，人食则目不瞬。"郭璞《图赞》曰："鸟飞以翼，当扈则须。废多任少，沛然有余。轮运于毂，至用在无。"文中大意说当扈喉下之须，多为摆设，用体下羽毛飞起来是很难的，可见这是陆行鸟类。《中国古代动物学史》认为此鸟为鸵鸟，犹为可信。鸵鸟为现存鸟类中的最大者，脚长善走，常结成小群奔驰沙地上，主要吃植物，有时吃昆虫等，巢于地上。

【译文】　上申山上多产当扈，它的样子同野鸡相似，用喉下面的髯毛起飞。人如果吃了它的肉，可治眼睛闪眨之病。

白狼

【经文】　孟山，其兽多白狼。

【注释】　在古人看来白狼是一种珍贵的野兽，也是一种象征吉祥的野兽，古籍中不乏对白狼的描述。《瑞应图》曰："白狼，王者仁德明哲则见。"《竹书纪年》："殷商成汤，有神牵白狼衔钩而入商朝。"均认为白狼是吉祥之兆。其实白狼是因其基因发生变异而发生的白化现象，由于稀少，犹为珍贵。

【译文】　孟山上的野兽多为白狼。

白虎

【经文】　孟山，其兽多白虎。

【注释】　白虎在古代称为瑞兽。《瑞应图》："白虎者，仁而善，王者不暴则见。"白虎在古代被尊为天之四灵之一。《三辅黄图》"苍龙、白虎、朱雀、玄武，天之四灵，以正四方。"白虎被古代巴人尊为祖先。白虎为白化种，今还存于世，已非常罕见。

【译文】　孟山上的野兽多为白色的老虎。

鸮

【经文】　白於之山，其鸟多鸮。

【注释】　《埤雅》曰："鸮大如斑鸠，绿色，所鸣其民有祸。"《证俗》云："鸮，祸鸟。"古代先民把鸮的叫声视为不祥之兆。此鸟疑为草鸮，别名猴面鹰，中型猛禽，全长 35 厘米左右，栖于山麓草灌丛中，以鼠类、蛙、蛇、鸟、卵等为食，属国家二级保护动物。

【译文】　白於山上的鸟类中有很多是鸮。

神魑

【经文】　刚山，是多神魑，其状人面而兽身，一足一手，其音如钦（吟）。

【注释】　魑（chi）。神魑是刚山山神。汪绂说它是独角山魈，《说文》说是神兽，或是厉鬼。此神应为刚山部族首领形象。

【译文】　刚山，这里生活许多神魑。它的形象是人的面孔兽的身体，只长着一只脚，一只手。它的叫声就像人们打呵欠。

蛮蛮

【经文】 刚山之尾，洛水出焉，而北流注于河，其中多蛮蛮，其状鼠身
而鳖首，其音如吠犬。

【注释】 郝懿行注曰："蛮蛮之兽，与比翼鸟同名，疑即猵也，猵、蛮声相近。"
《文选·羽猎赋》注解郭氏《三苍解诂》曰："猵似狐，青色，居水中，
食鱼。"此兽应为两栖动物水獭。头略扁，趾间有蹼，善潜水。穴居，
洞口一般分为水上和水下两个。性凶残，世界广为分布。

【译文】 刚山的尾部，洛水从这里发源，向北流入黄河。水中生活着许
多蛮蛮，它的模样像老鼠，长着鳖的脑袋。它的叫声像狗叫。

冉遗鱼

【经文】　英鞮①之山，浼水出焉，而北流注于陵羊之泽。是多冉遗②之鱼，鱼身蛇首六足，其目如马耳，食之使人不眯，可以御凶。

【注释】　①鞮（dī）；②冉（rǎn）。吴任臣按："《御览》作无遗之鱼。"《事物绀珠》作冉鳢，《元览》曰："鯈鱼，冉鳢，鲐鲐，皆六足。"这是集马、蛇、鱼三种动物的图腾，其主形应为蝾螈。体型似娃娃鱼，但长仅七厘米左右，背面一般黑色，腹部朱红色，生活在水泽中，我国东部和云南有分布。

【译文】　英鞮山，浼水从这里发源，向北流去，注入陵羊之泽。泽中有很多冉遗鱼，这种鱼的形状是鱼的身子、蛇的头，还长着六只脚，它的眼睛像马耳。人如果吃了这种鱼，可以不做噩梦，也能够防御凶事。

駮

【经文】 中曲之山有兽焉，其状如马而白身黑尾，一角，虎牙爪，音如鼓音，其名曰駮。是食虎豹，可以御兵。

【注释】 《尔雅·释畜》："駮如马，倨牙，食虎豹。"愚意此兽为古代图腾，主体为普氏野马。是世界上目前唯一生存的野马，常结小群在草原上游行，觅食芦苇、梭梭草及其他野生植物，至冬集群更大。

【译文】 中曲山有一种野兽，它的样子像马而长着白色的身体，黑色的尾巴，头长一角。牙和爪子像老虎。它的声音如同擂鼓声。它的名字叫駮，它能吃虎豹，可以抵御敌人的进攻。

穷奇

【经文】　邽①山，其上有兽焉，其状如牛，蝟毛，名曰穷奇。音如獆②狗。是食人。

【注释】　①邽（guī）；②獆（háo）。《神异经》描述穷奇云："穷奇似牛而狸尾，尾长曳地，其声似狗，狗头人形，钩爪锯牙。"这与《山海经》记述有异。《图赞》云："穷奇之兽，厥形甚丑，驰逐妖邪，莫不犇走。是以一名，号曰神狗。"此兽为牛狗合体图腾。

【译文】　邽山上有一种野兽，它的样子像牛，身上长着刺猬毛，它的名字叫穷奇。叫声像獆狗。这种野兽能伤害人。

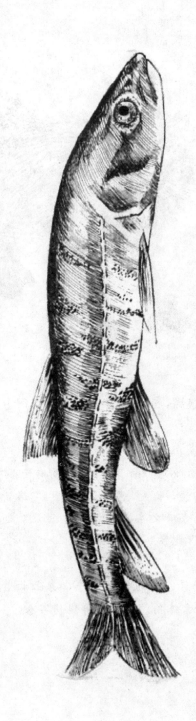

贏鱼

【经文】　邽山，濛水出焉，南流注于洋水。其中多黄贝、贏鱼，鱼身而鸟翼，音如鸳鸯。见则其邑大水。

【注释】　古代典籍中不乏对贏鱼的描述。《睿宗·江汉赋》："翼飞鳐贏于天池，谓此与文鳐也。"郭璞《图赞》曰："濛水之贏，匪鱼伊鸟。"此鱼为裸鲤，又称湟鱼，属高原冷水性无鳞鱼，喜欢生活在浅水中，也常见于滩边洄水区，入冬则潜居于深潭、岩石缝中。

【译文】　邽山，濛水发源于此，向南流入洋水。水中多产黄贝和贏鱼。贏鱼长着鱼的身子，鸟的翅膀，发出的声音像鸳鸯。它出现过的地方会遭受水灾。

鼠鸟同穴

【经文】　鸟鼠同穴之山，其上多白虎、白玉。

【注释】　鼠鸟同穴现象，在我国青藏高原、新疆、甘肃等地都有出现，如棕背雪雀和藏鼠兔，这里的山名疑为褐背地鸦和鼠兔同穴之地。《尔雅·释鸟》云："其鸟为鵌，其鼠为鼵，其穴入地三四尺，鼠在内，鸟在外，今在陇西首阳县。"孔传云："共为雌雄，同穴而处。"由此可见，鸟在非繁殖阶段和鼠并处一穴，可彼此保护，这是一种互助形式；在繁殖阶段，鸟利用鼠弃洞营巢，经常赶走鼠，不时发生打斗。

【译文】　凡鼠鸟同穴的山上多产白虎、白玉（矿产）。

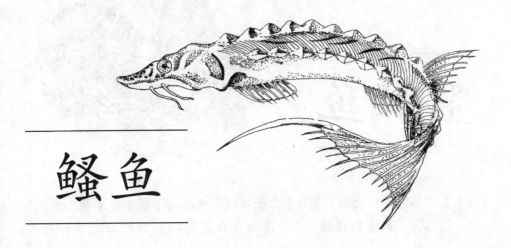

鳐鱼

【经文】　鸟鼠同穴之山，渭水出焉，而东流注于河。其中多鳐①鱼，其状如
鳣②鱼，动则其邑有大兵。

【注释】　①鳐（sāo）；②鳣（zhān）。《禽虫典》注此鱼为鳐鱼。晋郭璞注："鳣，大
鱼，似鲟而鼻短，口在颌下，甲无鳞，肉黄，大者二三丈，今江东呼为黄
鱼。"此鱼为达氏鲟，外形与中华鲟相似，但体形较小，体长32～24厘米，
常在江河中下层活动。分布于中国长江干支流及沿江大型湖泊，现数量
大减。

【译文】　鸟鼠同穴之山，渭水发源于此，向东流入黄河。水中盛产鳐鱼，这
种鱼很像鳣鱼。鱼只要出现，所在县邑就会发生兵戈之灾。

蜃鮍鱼

【经文】 鸟鼠同穴之山，滥①水出于其西，西流注于汉水。多蜃②鮍③之鱼，其状如覆铫④，鸟首而鱼翼鱼尾，音如磬石之声，是生珠玉。

【注释】 ①滥（jiàn）；②蜃（rú）；③鮍（pí）；④铫（diào）。《南越志》曰："文鮍，鸟头鱼尾，鸣如磬而生玉。"《文选》云"鸣磬孕璎。"吴淑《珠赋》云："滥水文鮍，瀛洲绀翼。"《睿宗·江汉赋》："转车轮之蜃兮，覆金桃之鮍。"此也。《中国古代动物学史》认为蜃鮍为钝吻鲟。《〈中国古代动物学史〉古动物名考误》中认为："蜃鮍不是鱼，是软体动物珍珠贝。"《动物学大词典》注："玭即珠子，今最大的珠母贝就含玭。""玭状如霞铫。"珍珠贝贝壳呈黑色，似倒扣的铁锅。蜃鮍即珍珠贝之论点当采信。

【译文】 鼠鸟同穴山的西边，是滥水的源头，向西流入汉水。水中多产蜃鮍鱼，它的样子如覆铫，长着鸟头、鱼翼、鱼尾。它发出的叫声，像敲击磬石的声音。这种鱼会产珠玉。

孰湖

【经文】　崦嵫之山有兽焉，其状马身而鸟翼，人面蛇尾，是好举人，名曰孰湖。

【注释】　崦嵫（yān zī）。《图赞》曰："孰湖之兽，见人则抱。"《骈雅》："马而人面鸟翼，曰孰湖。"愚意此兽为上古兽图腾，以西藏野驴为主型。它外形似骡，体型和蹄子都较家驴大许多，显得特别矫健雄伟，因此在当地人们常常把它们叫做"野马"。

【译文】　崦嵫山有一种野兽，它的样子像马的身子，长着鸟的翅膀、人的面孔、蛇的尾巴，喜欢抱举人，名字叫孰湖。

人面鸮

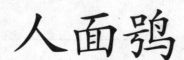

【经文】 崦嵫之山，有鸟焉，其状如鸮而人面，蜼身犬尾，其名自号也，见则其邑大旱。

【注释】 蜼（wèi）。《汉语动物命名考释》："鸮，得名于猫头鹰的叫声。"鸺，鹠名同鸣，汉《毛亨传》："鸮，恶声之鸟也。"李时珍《本草纲目·禽部》："鸮又名枭鸱、土枭、山鸮、鸡鸮、鹏鸟、训狐……"愚意此鸟为斑头鸺鹠。

【译文】 崦嵫山有一种鸟，它的形状像鸮，却长着一副人脸。身子同蜼相像，但长着狗一样的尾巴。它鸣叫的声音如同呼唤自己的名字。出现它的地方就会发生大旱。

北山经

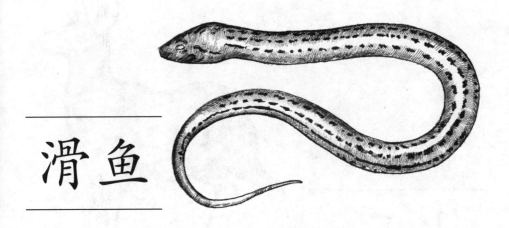

滑鱼

【经文】　求如之山，滑水出焉，而西流注于诸毗之水。其中多滑鱼，其状如鳝，赤背，其音如梧，食之已疣。

【注释】　毗（pí）。鳝（同鳝），晋郭璞注："鳝，鱼似蛇。"辽代《龙龛手鉴·鱼部》正体作鳝，应为黄鳝。吃了它可治瘊子。黄鳝属合鳃鱼科，体长50厘米，细长圆筒形。无鳞，无胸鳍和腹鳍。黄色，密布黑褐色斑。栖息于池塘、小河等处，是我国最普遍的淡水食用鱼之一。梧：《庄子》释文引："梧，琴也。"

【译文】　求如山上，滑水从此流出，向西流入诸毗水。水中多产滑鱼，样子像鳝鱼，红色的背脊，它发出的声音像琴声。吃了这种鱼能够治疗疣赘。

水马

【经文】 求如之山，其中多水马，其状如马，文臂牛尾，其音如呼。

【注释】 郭璞注："《周礼》曰：'马黑脊而斑臂膝。'汉武元狩四年，燉煌渥洼水出马，以为灵瑞者，即此类也。"吴任臣按："汉马出于余吾之水，又元和中，神马四匹出镇池河中……随巢子云，夏后之兴，方泽出马，皆水马也。"此兽据其特征疑为水麝。麝同獐，又称河麂。体长0.78～1.00米，栖息于山溪两岸的草丛，农田附近的芦苇中，以芦苇、杂草及其他植物为食。

【译文】 求如山中多产水马，它的样子像马，前肢带有纹毛，长着牛的尾巴，啸声如人呼叫。

朣疏

【经文】　带山有兽焉，其状如马，一角有错，其名曰朣疏，可以辟火。

【注释】　朣（huān）。《骈雅》曰："朣疏，一角马也。"《五侯鲭》云："朣疏出常（带）山，如马一角，其性墨。"即此也。愚意此兽为马图腾，以蒙古马为主型，有角为端公臆造。

【译文】　带山有一种野兽，样子像马，头上长有一角，角上有甲错，它的名字叫朣疏，可避火灾。

鹖鸰

【经文】 带山有鸟焉，其状如乌，五采而赤文，名曰鹖鸰，是自为牝牡，食之不疽。

【注释】 《庄子·天运篇》云："其状如凤，五采文，其名曰奇类。"《学海》作鹖鸰，《唐韵》注云"有（又）名鵋鸹"，疑此鸟也。根据《中国古代动物学史》推测，此鸟疑为红尾鸹或地鸹。地鸹俗称"沙漠鸟"，是杂食鸟类，也是新疆唯一特有鸟类，目前估算不足 7000 只地鸹。

【译文】 带山有一种鸟，样子像乌鸦，五彩的羽翼，身上的羽毛有红色的斑纹，名字叫鹖鸰。可自为雌雄。吃了它的肉可不得痈疽病。

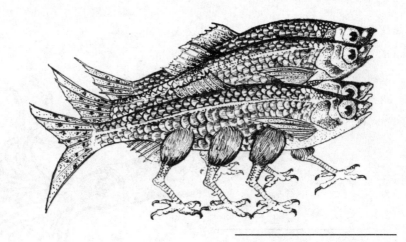

儵鱼

【经文】　带山，彭水出焉，而西流注于芘湖之水。其中多儵鱼，其状如鸡而赤毛，三尾，六足，四首，其音如鹊，食之可以已忧。

【注释】　儵（tiáo）。郝懿行注："儵与鯈同，玉篇作鯈。"又说："今粤东人说，海中有鱼名儵，形如鸡而有软壳，多尾，足尾如八带鱼，宜盐藏炙食之，甚美，可以饷远。"郭璞《图赞》曰："涸和损平，莫惨于忧。诗咏萱草，带山则儵。螫焉遗岱，聊以盘游。"此鱼疑为白鲦鱼。整体为鱼鸟图腾。白鲦栖水中上层。杂食性，主要以甲壳类、水生昆虫、水生高等植物等为食。

【译文】　带山，彭水从这里流出，向西流入芘湖。水中多产儵鱼，样子像鸡，毛色红赤，三根尾巴，六只脚，四个脑袋，叫声如喜鹊。吃了它可以忘忧。

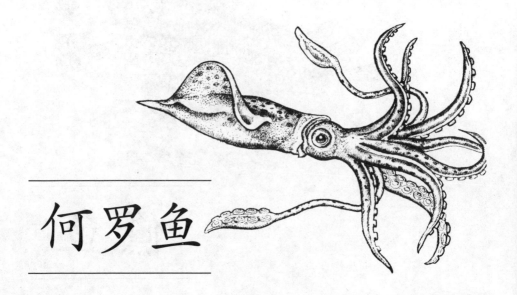

何罗鱼

【经文】　谯明之山，谯水出焉，西流注于河，其中多何罗之鱼，一首而
十身，其音如吠犬，食之已痈。

【注释】　杨慎注云："何罗鱼，今八带鱼也。"也就是章鱼。《中国古代动物学
史》认为是胡子鲶。根据一首十身之特征，此鱼疑为乌贼如无针乌贼。
属头足纲，十腕类，乌贼科，身体荷包形，十腕中两条很长。皮肤会
根据环境变色，体内墨囊发达，遇敌时施放墨汁逃跑。

【译文】　谯明山，谯水发源于此，向西流入于黄河，其中多产何罗鱼，
一个脑袋，十个身体，声音像狗叫，吃了它的肉可以治痈肿。

孟槐

【经文】　谯明之山有兽焉，其状如貆而赤豪，其音如榴榴，名曰孟槐，可以御凶。

【注释】　貆（huān）。传说孟槐在上古是一种辟凶御邪之兽，《骈雅》曰："黐边如狗，孟槐如貆。"孟槐，又作猛槐，此兽应为貉的东北亚种。属食肉目，犬科，似狐狸，体小而粗肥。性迟纯。

【译文】　谯明山上有一种野兽，它的样子像豪猪，豪毛赤红，它发出的声音像猫叫。名字叫孟槐。可以抵御凶邪。

鳛鳛鱼

【经文】　涿光之山，嚣水出焉，而西流注于河。其中多鳛鳛之鱼，其状如鹊而十翼，鳞皆在羽端，其音如鹊，可以御火，食之不瘅。

【注释】　鳛（xí）。鳛鳛鱼为缝合图腾。《神异经》云："鳛鳛之鱼，如鹊而十翼，可以御火。"关于御火说法，吴任臣引王学庆《山海经释义》加以解释，鳛鱼御火，意其得水气居多，气有相制，故也。《尔雅·释鱼》："鳛，鳅。"晋郭璞注："今泥鳅。"《广韵·尤韵》："鰍，亦作鳅。"此图腾以泥鳅为主型。属鳅科，它喜欢栖息于静水底层，我国南北广为分布，被誉为"水中人参"。

【译文】　涿光山，嚣水从这里流出，向西流入于黄河。其水中多产鳛鳛鱼，它的样子像喜鹊却长着十只翅膀，鱼鳞长在羽毛的尖端，声音像喜鹊叫，可以用于防治火灾，吃了它不会得黄瘅病。

橐驼

【经文】　虢^①山，其兽多橐^②驼。

【注释】　①虢（guó）；②橐（tuó）。李时珍《本草纲目》云："驼能负囊橐，故名。方音讹为骆驼也。"《汉书·西域传》："大月氏出一封橐驼"。颜师古注："脊上有一封也，封言其隆高，若封土也，今俗称封牛。"可以肯定这就是骆驼。一般骆驼分为单峰驼和双峰驼。这里指的是双峰驼。骆驼体格高大，耐寒暑和饥渴。目前新疆、甘肃还有很少的野生骆驼。

【译文】　虢山所产野兽中多为橐驼。

寓（鸟）

【经文】 豗山，其鸟多寓，状如鼠而鸟翼，其音如羊，可以御兵。

【注释】 寓鸟属蝙蝠类。《方言》云："寓，寄也。"《尔雅》有寓属，又有寓鼠，曰嗛。郝懿行注此经寓鸟盖蝙蝠之类，惟蝙蝠肉翅为异。《广韵》云，"寓鸟鼠，鸟名"，谓是也。此鸟为蝙蝠类翼手目或如伏翼，头部和身体似鼠，前肢指间和前后肢之间有薄膜相连，夜间出飞。

【译文】 豗山，所产鸟多寓鸟，样子像鼠，却长着鸟的翅膀，声音如羊叫，可以用它来防御战争。

耳鼠

【经文】 丹熏之山有兽焉，其状如鼠，而菟①（兔）首麋身，其音如獆②犬，以其尾飞，名曰耳鼠，食之不睬③，又可以御百毒。

【注释】 ①菟（tù）；②獆（háo）；③睬（cǎi）。耳鼠即鼯鼠，《神农经》谓之䶂，《禽经》谓之鸠，《尔雅》谓之夷由。耳鼠是鼯鼠科的毛耳飞鼠。也称绒耳鼯鼠，毛足飞鼠。个体小，体长约 180 毫米，为我国北方的一小型鼯鼠，栖息于林中，往往成对活动。

【译文】 丹熏山有一种兽，样子像鼠，长着兔子的脑袋、麋鹿的身体，声音像狗叫，用肉翅连着尾足飞翔，名字叫耳鼠，吃了它可以不得腹胀病，又可以用它防治百毒。

孟极

【经文】　石者之山有兽焉，其状如豹，而文题白身，名曰孟极，是善伏，其鸣自呼。

【注释】　郭璞《图赞》曰："孟极似豹，或倚无良。"该动物为华北豹亚种。也称中国豹，为中国特产。华北豹毛黄，颜色深于远东豹，该亚种分布于河北、山西、陕西，由于大量捕杀和自然环境恶化等原因，现在很稀少。

【译文】　石者山有一种兽，样子像豹，花额头，身上的皮毛是白色的，它的名字叫孟极，善于躲藏，叫声如同呼唤自己的名字。

幽頞

【经文】　边春之山有兽焉，其状如禺①而文身，善笑，见人侧卧，名曰幽頞②，其鸣自呼。

【注释】　①禺（yù）；②頞（è）。《山海经图》云："古山上无草木，有泄水，西注于河中，有兽，文背善笑，见人则佯卧，名曰幽頞，其鸣自呼。"《图赞》曰："幽頞似猴，俾愚作智，触物则笑，见人佯睡。好用小慧，终是婴繫。"此动物疑为红面短尾猴或华南猴，栖息亚热带，常绿阔叶林中，生活在树上，也常集群在地面活动。食性较杂，既取食野果、树叶、竹笋，也捕蟹、蛙等小动物。

【译文】　边春山有一种野兽，模样像猕猴，全身有斑纹，爱笑，见到人后就装死，名字叫幽頞，叫声如同呼唤自己的名字。

足訾

【经文】　蔓联之山，其上无草木。有兽焉，其状如禺而有鬣，牛尾，文臂，马蹄，见人则呼，名曰足訾，其鸣自呼。

【注释】　訾（zǐ）。《兽经》云："足訾文臂，风狸长眉。"《五侯鲭》云："足訾如禺，有鬣。"《骈雅》云："姨姶足訾，皆禺属也。"愚意足訾为合体图腾，此兽应以猕猴为主型。它体长55～60厘米，尾长25～32厘米，群居山林中，喧哗好闹。食野果、野菜等。两颊有颊囊，用以贮藏食物之用，我国云南、四川、青海、广西、广东、福建、台湾、浙江、安徽等地也产。

【译文】　蔓联山上不长草木。有一种野兽，模样像猴却身披棕毛，长着牛的尾巴，马的蹄子，前肢有斑纹，见人就嘶鸣，名字叫足訾，它的叫喊声如同呼唤自己的名字。

鸡

【经文】 蔓联之山有鸟焉，群居而朋飞，其毛如雌雉，名曰鸡，其鸣自
呼，食之已风。

【注释】 鸡（jiāo）。吴任臣按："鸡，疑即鸡鹳也，一名䴔。顶有红毛如冠，翠髻
丹嘴，颇似雉。"《尔雅·释鸟》："䴔，鸡鹳。注：似凫，脚高，江东人
家养之以厌火灾。"此鸟为鸡鹳，苇䴔。即今池鹭。长约45厘米，有冠
羽，头、颈大部栗红色，背上有披散的蓝黑色蓑羽，肩腹白色。

【译文】 蔓连山，有种奇鸟，群居而且成群结队飞翔，羽毛像雌野鸡，
名字叫鸡，鸣声如呼唤自己的名字，吃了它可治疗风痹病。

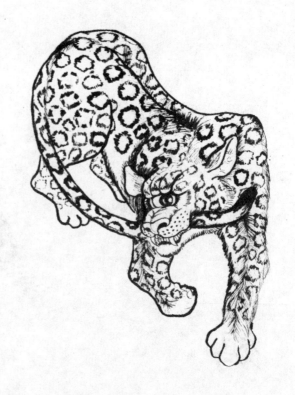

诸犍

【经文】　单张之山，其上无草木，有兽焉。其状如豹而长尾，人首而牛耳，一目，名曰诸犍。善吒，行则衔其尾，居则蟠其尾。

【注释】　《玉篇》云："犍兽似豹，人首一目。"此兽为豹图腾，疑为豹东北亚种。体形似虎，但明显较小，见于黑龙江省小兴安岭和吉林省东部山区，向东延伸到俄罗斯沿海地区和朝鲜北部。

【译文】　单张山，山上没有长草木，有一种野兽，模样像豹而长着长长的尾巴，人的脑袋却又是牛的耳朵，一只眼睛，它的名字叫诸犍，它喜欢怒吼。行走时用嘴衔着自己的尾巴，睡着时盘卷着尾巴。

白䲶

【经文】　单张之山有鸟焉，其状如雉而文首，白翼黄足，名曰白䲶。食之已嗌②痛，可以已痸③。

【注释】　①䲶（yè）；②嗌（yì）；③痸（chì）。《图赞》曰："白䲶崃斯，厥状如雉。见人则跳，头文如绣。"此鸟为雪雉。俗称雪鸡，长约50厘米，体重近2000克，属栖息于高山地带的大型雉类。喜在雪域附近活动，常在高山、雪岩、草甸、流石滩岩觅食植物果实、嫩芽、种子，也吃昆虫。分布于我国西部山地，云南仅见于滇西北中甸等地。终年留居，为国家二类保护动物。

【译文】　单张山有一种鸟，样子像雉鸡而头上有斑纹，有白色的翅膀，黄色的脚，名字叫白䲶，吃了它可以治咽喉痛，还可以治疗痴呆症。

那父

【经文】 灌题之山，有兽焉，其状如牛而白尾，其音如训，名曰那父。

【注释】 《骈雅》曰："兽似牛而白尾曰那父，赤尾曰领月，马尾曰精精。"那父疑为黄牛北方品种。毛色多呈金黄色，也有红棕色或黑色的，成熟较早，寿命约25岁。由于自然和饲养的条件不同，各地黄牛在体型和性能上有差异，一般分为蒙古牛、华北牛和华南牛三大类型。大多以役用为主。

【译文】 灌题山有一种野兽，样子像牛，尾巴是白色的，叫声似人在呼唤。名字叫那父。

竦斯

【经文】 灌题之山，有鸟焉，其状如雌雉而人面，见人则跃，名曰竦斯，
其鸣自呼也。

【注释】 竦（sǒng）。《骈雅》曰："竦斯、当扈皆雉属也。"《楚辞·卜居》云：
"将呎訾慄斯。"这种鸟的原型为石鸡。也称嘎嘎鸡。体长 30 厘米以
上，栖于山崖间；有时在山麓，田野一带觅食，食谷物、浆果、种子、
嫩芽、昆虫等，为我国东北西南部、内蒙古、华北以及甘肃一带山林
留鸟。

【译文】 灌题山，有一种怪鸟，样子像雌野鸡，却长着人的面孔，见人
就跳跃，名字叫竦斯，它的叫声如同呼唤自己的名字。

长蛇

【经文】 大咸之山，无草木，其下多玉。是山也，四方，不可以上。有蛇名曰长蛇，其毛如彘豪，其音如鼓柝。

【注释】 柝（tuò）。《山海经图》云："大咸山，有蛇，名曰长蛇，锥手，身长百寻，其声如振鼓。"《淮南子·本经篇》云："羿断修蛇于洞庭。"此蛇疑为网蟒为主型的图腾。这种蟒可能是世界上最长的蛇。体长约 10 米。以哺乳动物、鸟类为食。

【译文】 大咸山，没有长草木，山下多产玉。这座山呀，呈四方型，不可能攀登。有一种蛇名叫长蛇，长有像野猪一样的毛，它的叫声如同有人敲打木柝的声音。

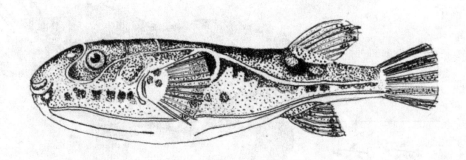

赤鲑

【经文】 敦薨①之山，敦薨之水出焉，而西流注于泑泽。出于昆仑之东北隅，实惟河原。其中多赤鲑②。

【注释】 ①薨（hōng）；②鲑（guī）。晋人左思《三都赋·吴都赋》便有"王鲔鯸鲐"之句，其注曰"鯸鲐鱼状，如蝌斗，大者尺余，腹下白，背上青黑，有黄文，性有毒。虽小，獭及大鱼不敢啖之。蒸煮，啖之肥美。豫章人珍之。"一名河豚，又名鰗鮧，即鲑。《本草纲目》曰："今吴越最多，状如蝌斗，大者尺余，背色青白有黄缕，又无鳞无鳃无胆，腹下白而不光。"可见，鲑鱼颜色与本文所述赤鲑不符，此鱼应为红鳍东方鲀，即河豚，有毒。

【译文】 敦薨山，敦薨水从这里流出，向西流于泑泽，泽水流经昆仑山脉的东北角，那便是黄河上游葱岭，水中多产红色的鲑鱼。

窫窳

【经文】 少咸之山，无草木，多青碧。有兽焉，其状如牛而赤身，人面马足，名曰窫窳，其音如婴儿，是食人。

【注释】 窫窳（yà yǔ）。《述异记》云："狻猊，兽之最大者，龙头，马尾，虎爪，长四百尺，善走，以人为食。遇有道君则隐藏，无道君则出食人。"《尔雅·释兽》："窫窳类貙，虎爪，食人，迅走。"愚意窫窳为上古合体图腾，以东北野牛为主型。据毕丛良介绍，早在1.4万年前，东北野牛早已灭绝。愚意不排除4000年前东北野牛的亚种已存于世。端公依据实体或化石把这个物种用文字方式记叙下来。

【译文】 少咸山，不长草木，多产青碧石。有一种野兽，它的模样像牛而全身呈红色，人的面孔，马的蹄子，名字叫窫窳。发出的声音像婴儿，爱吃人。

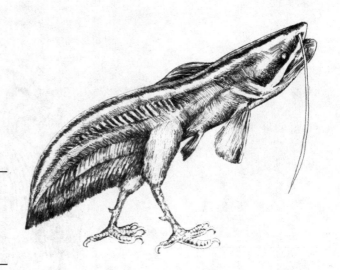

鰈鱼

【经文】　狱法之山，瀤^①泽之水出焉，而东北流注于泰泽，其中多鰈^②鱼，其状如鲤而鸡足，食之已疣。

【注释】　①瀤（huái）；②鰈（zǎo）。《图赞》云："鰈之为状，半鸟半鳞。形如鸡鲤，食之已疣。"《百子全书》曰："鰈子为状，羊鳞黑文。"愚意该鱼为鱼鸟合体图腾，其主型应为短颊鲶。前部平扁，后部侧扁，长可达一米以上，灰黑色，有不规则暗色斑块，口宽大，有须两对，眼小。背鳍一个，很小；臀鳍长，与尾鳍相连；胸鳍具有一硬刺。无鳞，皮肤富粘液腺，中下层栖息，以小鱼及无脊椎动物为食，分布于我国各地淡水中。

【译文】　狱法山，瀤泽水从这里流出，向东北流入泰泽，水中多产鰈鱼，样子像鲤鱼却长着鸡的脚，吃了它的肉可以治疗赘疣。

山猇

【经文】 狱法之山有兽焉，其状如犬而人面，善投，见人则笑，其名山
猇，其行如风，见则天下大风。

【注释】 猇（huī）。山猇属猿猴类。吴任臣按："《尔雅翼》曰：'山猇，一名猇
猇，一名枭羊，一名山猇，俗谓之山都，北方谓之土蝼。周成王时州縻
国献之。窃为狒狒也，枭羊也。山猇者，山都、山丈类。'晋人左思
《三都赋·吴都赋》'猇子长啸'，是也。又狒狒人形，山猇兽状，故有
差别，罗氏误矣。"由此可见，此兽就是狒狒。栖息于稀树草原、半荒
漠草原和高原山地，白天活动，夜间栖于大树枝或岩洞中。以昆虫、
蝎子、鸟蛋等小型脊椎动物及植物为食。

【译文】 狱法山上有一种野兽，模样像狗却长着人的面孔，善投掷，见
人就笑，它的名字叫山猇。疾行如风，出现则天下狂风大作。

诸怀

【经文】 北岳之山有兽焉，其状如牛而四角，人目，彘耳，其名曰诸怀，其音如鸣雁，是食人。

【注释】 《玉篇》作怀，"云兽似牛，四角人目。"《骈雅》曰："牛四角人目，曰诸怀。"《事物绀珠》曰："㺊似牛三足，怀似牛四角。"此兽疑为水牛为主型的牛图腾。水牛属反刍家畜。体粗壮，毛稀疏，多灰黑色，角粗大而扁，向后弯曲，初为我国南方水稻地区役畜，后逐渐向北分布。

【译文】 北岳山有一种野兽，模样像牛却长有四只角、人的眼睛、野猪的耳朵，它的名字叫诸怀，叫声如雁鸣，会伤害人。

鲐鱼

【经文】 北岳之山，诸怀之水出焉，而西流注于嚣水，其中多鲐鱼，鱼身而犬首，其音如婴儿，食之已狂。

【注释】 鲐（yì）。郝懿行云："此经鲐鱼盖鱼身鱼尾而狗头，极似今海狗。登州海中有之。其状非狗非鱼，本草家谓之骨肭兽是也。"李时珍《本草纲目》云："腽肭兽疗惊狂痫疾，与此正合，腽肭即海狗也。"张融《海赋》云："何罗、鳙鲐即斯鱼。"此鱼为鲐科类，名叫花鲈，也叫鳜鱼，俗称海狗。体侧扁，背部隆起，长达60厘米，为凶猛鱼类，喜食鱼虾。我国各大河流湖泊均产。

【译文】 诸怀水发源于北岳山，向西流入嚣水，水中多产鲐鱼，它虽是鱼的身体却长着狗的脑袋，声音像婴儿哭。吃了它的肉可以治疗癫狂病。

肥遗

【经文】　浑夕之山，无草木，多铜、玉。嚣水出焉，而西北流注于海。有蛇，一首两身，名曰肥遗，见则其国大旱。

【注释】　《管子》曰："涸水之精，名曰蚨，一头而两身，其状如蛇，长八尺，以其名呼之，可使取鱼鳖"。《搜神记》曰："涸小水精，可使取鱼鳖，生蚨，蚨者，一头而两身，其状若蛇，即管子所记也。"商周青铜器上的一头双身蛇状绞饰取名肥遗纹，可以认为这是以水蛇为主型的图腾。中华水蛇常见于池沼、水田、江河中，善于游泳。性凶，口具毒牙，有轻微毒性，以鱼类为主要食物。遍布于我国东南一带，西达湖北、广西。

【译文】　浑夕山，没有长草木，但多产铜和玉，嚣水从这里流出，向西北流向大海。有一种蛇，长有一个脑袋、两个身体，名字叫肥遗。如果它出现，国家就会发生大旱。

猺

【经文】　隄^①山，有兽焉，其状如豹而文首，名曰猺^②。

【注释】　①隄（dī）；②猺（yǎo）。《玉篇》名之为猺兽。《事物绀珠》云："猺如豹文首。"此兽疑为金猫。是一种体较大的野生猫类，身体的毛色和斑纹复杂多样，虽然属热带亚热带动物，仍具有相当的耐寒性，皮毛较厚，而且有底绒。它性情凶猛，故有"黄虎"之称，仅以肉类为食。

【译文】　隄山，有一种野兽，它的模样像豹，头上有斑纹，名字叫猺。

龙龟

【经文】　隄山，隄水出焉，而东流注于泰泽，其中多龙龟。

【注释】　龙龟即吉吊。郝懿行注："疑即吉吊也，龙种龟身，故曰龙龟。"袁珂引宋孙光宪《北梦琐言逸文》云："海上人云，龙生三卵，一为吉吊也。"此兽疑为陆龟，亦称"长陆龟"。头部绿黄色，上颌缘有齿状突起。背甲很高，长约26厘米，宽约15厘米，绿黄色，有不规则黑斑。腹即黄色，各角质板有黑云状斑，以植物幼苗为食。

【译文】　隄山，隄水由此流出，向东流入泰泽，水中多产龙龟。

人面蛇身神

【经文】 自单狐之山至于隄山，凡二十五山……其神皆人面蛇身，其祠之，毛用一雄鸡、彘瘗①，吉玉用一珪，瘗而不糈②。其山北人，皆生食不火之物。

【注释】 ①瘗（yì）；②糈（xǔ）。汪绂注，单狐山到隄山，这一段山峰大约在宁夏以北。愚意人面蛇身为部族首领，端公逢合人首与蛇身，以供族人祭祀。

【译文】 从单狐山到隄山，共二十五座山……这里的山神都是人的面孔、蛇的身体，祭祀它们时，毛物用一只雄鸡和一只猪一同埋入地下。祀典专用好玉，要贡奉珪一块。埋藏地下要用精粮。住在山北面的人，都要吃未经烧煮过的食物。

闾

【经文】　县雍之山，其兽多闾、麋。

【注释】　闾，又名𪃿、山驴、驴羊。《广志》云："驴羊似驴。"《本草纲目》曰："山驴，驴之身而羚之角，但稍大，而节疏慢耳。"《图赞》曰："闾善跃崄。"愚意此兽为北山羊。北山羊似家山羊，体型较大，体长 115～117 厘米，肩高约 100 厘米，体重 50 千克左右。夏天栖息于高山草甸及裸岩区，冬春迁至海拔较低的地区活动。多在晨昏活动，采食各种野草。产于新疆、甘肃、内蒙古、青海，属国家一级保护动物。

【译文】　县雍山上的野兽中有很多闾和麋鹿。

驿马

【经文】　敦头之山，其上多金玉，无草木。旄水出焉，而东流注于邛^①泽，其中多驿^②马，牛尾而白身，一角，其音如呼。

【注释】　①邛（qióng）；②驿（bó）。《骈雅》曰："白而一角，谓之驿马。"《尔雅·释兽》："驿如马，一角，不角者骐。"驿马为马图腾，以马为主型。马耳小直立，面长。颈上缘及尾有长毛，四肢强健，内侧有附蝉。我国广泛分布在东北、西北和西部地区。

【译文】　敦头山上多产黄金、玉石，不长草木。旄水从这里流出，向东流入邛泽。这里多产驿马（又名骐），马身牛尾。呈白色，头长一角。它的叫声如人在呼唤。

狍鸮

【经文】　《北山二经》：钩吾之山有兽焉，其状羊身人面，其目在腋下，虎齿人爪，其音如婴儿，名曰狍鸮，是食人。

【注释】　狍鸮即饕餮，见马昌仪《古本山海经图说》。郭璞注："为物贪惏，食人未尽，还害其身，像在夏鼎，《左传》所谓饕餮是也。"《骈雅》云："羊身人面腋目，曰狍鸮。"愚意此兽是以鸮为主型的图腾，或是一种污蔑异族的称呼，将其比做贪食的饕和身有长毛的餮。夏代将它的形象铸在鼎上。

【译文】　钩吾山有一种野兽，样子为羊的身体、人的面孔，眼睛长在腋下，长着老虎牙齿人的指爪，声音如婴儿啼哭，名字叫狍鸮。它吃人。

独狢

【经文】 北嚣之山，无石，其阳多碧，其阴多玉。有兽焉，其状如虎，而白身犬首，马尾彘鬣，名曰独狢。

【注释】 狢（yù）。《说文》云："北嚣山有独狢兽如虎，白身豕鬣，尾如马。"《骈雅》曰："独狢如虎而马尾，猾狢如人而彘鬣。"此兽为虎图腾，原型为东北虎。体大，毛色较淡，生活在长白山、小兴安岭等处。

【译文】 北嚣山，没有石头，山的南面多产碧，北面多产玉。有种野兽，模样像虎，身呈白色，长着狗的脑袋、马的尾巴、猪的鬣毛，它的名字叫独狢。

鹌鹠

【经文】 北嚣之山有鸟焉，其状如乌，人面，曰鹌鹠^①，宵飞而昼伏。食之已嗌^②。

【注释】 ①鹌鹠（pán mào）；②嗌（yē）。汪绂注："鹌鹠，鸺鹠属而大，今人谓之训狐，又名只胡，其目能夜察蚊虻，而昼不见邱山，故宵飞昼伏。"《金匮要略》云："嗌，中热病也。"今鸺鹠亦可治热头风。此鸟为领鸺鹠。见马昌仪《古本山海经图说》。因是有盘状武帽状头冠得名，俗称小鸺鹠，鬼冬哥。为我国体型最小的猫头鹰，长约15厘米，重50余克。栖息于针阔混交林和常绿阔叶林中，多夜间活动，以捕食昆虫为主，也捕食小鸟及鼠类。它数量稀少，为国家二级保护动物。

【译文】 北嚣山有一种鸟，样子像乌鸦，人的面孔，名字叫鹌鹠。白天休息而夜间飞翔。吃了它的肉可治热病。

【经文】 梁渠之山，其兽多居暨①，其状如彙②而赤毛，其音如豚。

【注释】 ①暨（jì）；②彙（wèi）。郭璞注："彙，似鼠，赤毛如刺猬也。"汪绂注："彙，似鼠，短喙，短足，其毛如刺，卷伏则如栗毬。"此兽疑为短棘猬，亦称"长耳刺猬"。长约24厘米，尾很短，长不及3厘米。耳较刺猬长，头顶、背部和体侧都有棘，但头顶的棘不分向两边。皮肌发达，能卷成球状。生活在草原或有灌木丛的地方，以虫类为食，对农业有益，分布于我国东北、西北及蒙古地区。

【译文】 梁渠山所产野兽中有很多居暨，它的模样像蝟鼠，毛呈红色，叫声如小猪。

嚣（鸟）

【经文】 梁渠之山有鸟焉，其状如夸父，四翼，一目，犬尾，名曰嚣，
其音如鹊。食之已腹痛，可以止衕。

【注释】 衕（dòng）。《图赞》曰："四翼一目，其名曰嚣。"此鸟为猴、狗、鸦
合体图腾，愚意以领角鸮为主型。体形略大，大部分夜间栖低处，以
老鼠、小鸟、蛙、蜥蜴、昆虫为食。

【译文】 梁渠山有种鸟，样子像猿猴，长着两对翅膀，一只眼睛，狗的
尾巴，它的名字叫嚣，它的叫声如喜鹊，吃了它可以治疗腹痛
和腹泻。

蛇身人面神

【经文】 自管涔之山至于敦题之山，凡十七山……其神皆蛇身人面。

【注释】 涔（cén）。祭祀此神的方式是毛物用一只雄鸡，一头野猪，埋入地下。把玉石放于山中，而不埋掉。祭祀时不用精米。愚意蛇身人面神为部族首领形象。蛇身，周身绘制蛇纹，人面，头戴人形面具。

【译文】 自管涔山到敦题山，共十七座山，它们的山神都是蛇身人面。

骄

【经文】　归山，有兽焉，其状如麢①羊而四角，马尾而有距，其名曰骄②，善还，其名自训③。

【注释】　①麢（líng）；②骄（hún）；③训（jiào）。《本草纲目》："北山经'大行之山有兽名骄，状如麢羊而四角，马尾，有踞，善旋，其名自训。'此亦山驴之类也。"愚意此兽为鹿图腾，以马鹿为主型。马鹿是仅次于驼鹿的大型鹿类，因为本形似骏马而得名，体长为160～250厘米，尾长12～15厘米。东北马鹿栖息于海拔不高、范围较大的针阔混交林、林间草地或溪谷、沿岸林地，以乔木、灌木和草本植物为食。马鹿在我国尚有一定数量。

【译文】　归山有一种野兽，模样像羚羊，长着四只角、马的尾巴、鸡的脚爪，喜欢盘旋而舞，它的名字叫骄。它的叫声如同呼唤自己的名字。

鹡

【经文】 归山有鸟焉，其状如鹊，白身、赤尾、六足，其名曰鹡①。是善惊，其鸣自诐②。

【注释】 ①鹡（bēn）；②诐（jiào）。《广韵》在"白身"下有"三目"二字，顾起元《帝京赋》曰："三目之鹡，五工之鹈"，盖谓此也。郭璞《图赞》曰："有鸟善惊，名曰鹡鹡。"此鸟为鸟图腾，以白喉红尾鸲为主型。全长152毫米，栖于草坡灌丛间，以昆虫为食，也偶食植物种子，分布于青海、甘肃、陕西、四川和青藏。

【译文】 归山有一种鸟，模样像喜鹊，身白尾红，六只脚，它的名字叫鹡。此鸟易受惊。它的叫声如同呼唤自己的名字。

天马

【经文】 马成之山有兽焉，其状如白犬而黑头，见人则飞，其名曰天马，
其名自诙。

【注释】 《韵宝》云："飞虞，天上神兽，鹿头龙身，在天为勾陈，在地为天马，
即其兽也，文人用天马行空之语亦指此尔。"吴淑锦赋："辟邪天马之
奇，名山藏载。"这里所指的天马不是经文中形述的天马。愚意此兽为
蝙蝠的一种，犬蝠。以果实为食，分布极广。

【译文】 马成山有一种野兽，它的样子像白狗，长有黑色的头，背上长
有肉翅，见到人便飞，它的名字叫天马，它的叫声如呼唤自己
的名字。

168

�鸲

【经文】 马成之山有鸟焉，其状如乌，首白而身青，足黄，是名曰�鸲，
其鸣自詨。食之不饥，可以已寓。

【注释】 �鸲（qū jū）。郝懿行按："�鸲疑即鹧鸠，声转字变，经多此例，唯
白首为异耳。"此鸟为黄足绿鸠。全长288～310毫米。愚意鹧鸠为黄
足绿鸠的祖型，头白经年演变为浅绿色，其他特征未变，它们喜欢单
独或成对活动，食物为榕树等树的浆果。

【译文】 马成山有一种鸟，模样像乌鸦，白色的脑袋而身披黑色的羽毛，
黄色的足爪，它的名字叫�鸲。其叫声如呼唤自己的名字。吃
了它的肉不会饥饿，还可以治疣病。

飞鼠

【经文】 天池之山，其上无草木，多文石。有兽焉，其状如兔而鼠首，
以其背飞，其名曰飞鼠。

【注释】 《谈荟》云："飞者以翼，而天池之山飞鼠以背。"又《方言》云："廍
鼠自关东而东，谓之飞鼠，盖所指服翼也，非此。天启三年十月，凤
县有大鼠，肉翅无足，毛黄黑，丰尾若貂，着若兔，飞食黍粟，疑即
斯类也。"此兽为飞鼠。体型似松鼠，主要区别为前后肢之间有宽大多
毛的飞膜。一般体长约 16～20 厘米，尾巴长约 10～18 厘米，树栖，
能滑翔，昼伏夜出，主食果实。

【译文】 天池山没长草木，有很多有花纹的石头。有一种野兽，样子像
兔子却长着老鼠的脑袋，用它背上的毛来飞翔，名字叫飞鼠。

领胡

【经文】　阳山有兽焉，其状如牛而赤尾，其颈䐄，其状如句瞿。其名曰领胡。其鸣自詨。食之已狂。

【注释】　䐄（shèn）。郝懿行引《说文》注云："领，项也；胡，牛颔（hàn）垂也。此牛颈肉垂如斗，因名之领胡与？"《元和郡县志》云："海康县多牛，项上有骨，大如覆斗，日行三百里。"此兽为高峰牛，也称印度瘤牛，分布在太行山支脉阳山。瘤牛属反刍家畜，因髻甲部隆起如瘤，故名。毛多灰白色，亦有赤、褐、黑或花斑色。头面狭长、额平、耳大下垂。垂皮发达。皮肤致密，分泌有臭气的皮脂，能驱虫，有抗焦虫病的特性。耐热，性极温驯。

【译文】　阳山有一种野兽，样子像牛而尾巴是红色的，颈上的肉团大如斗，它的名子叫领胡。其叫声如同呼唤自己的名字。吃了它的肉可以治疗癫狂病。

象蛇

【经文】　阳山有鸟焉，其状如雌雉，而五采以文，是自为牝牡，名曰象蛇，其鸣自诙。

【注释】　《图赞》曰："象蛇似雉，自生子孙。"郭郛《中国古代动物学史》注此鸟为雄性白马鸡。白马鸡俗称大雪鸡。体形较大，全长达 1 米，生活于海拔 3000 至 4000 米高山地带的针阔混交林、高山灌丛及草甸地带，大多结群活动，性不畏人。

【译文】　阳山有一种鸟，样子像野鸡，身披五彩羽毛，兼具雌雄之性，名字叫象蛇。它的鸣声如同呼唤自己的名字。

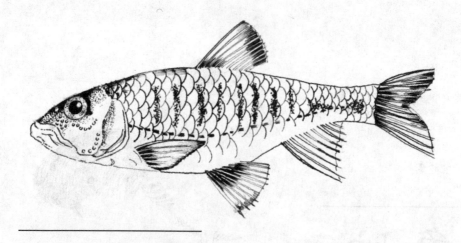

鮥父鱼

【经文】　阳山，留水出焉，而南流注于河。其中有鮥①父之鱼，其状如鮒②鱼，鱼首而彘身，食之已呕。

【注释】　①鮥（xiàn）；②鮒（fù）。郝懿行按《说文》与《玉篇》均云经中所载为鮥鱼。此鱼为鱤鱼的一种，或为马口鱼，又称叉颚鱲。个体不大。多生活在溪流及江河湖泊中。性凶猛，以昆虫、小鱼等为食。此鱼有两亚种的分化：一在东北黑龙江等水域，另一亚种分布在黄河流域以南各河流干支流中。

【译文】　阳山，留水从此流出，向南流入于黄河，水中多产鮥父鱼，样子像鮒鱼，鱼的脑袋却长着猪的身体。吃了它，可治疗呕吐。

酸与

【经文】　景山有鸟焉，其状如蛇，而四翼，六目，三足，名曰酸与。其名自诎。见则其邑有恐。

【注释】　《骈雅》曰："酸与三足。"《元览》云："三足之鸟有酸与焉，即此也。"《事物绀珠》云："酸与如蛇，四翼、六目、三足。"此为鸟蛇合体图腾，以长尾雄雉为主型。全长150厘米，其中尾长120厘米。

【译文】　景山有一种鸟，它的样子像蛇，却长着两对翅膀、六只眼睛、三只脚，名字叫酸与。叫声如同呼唤自己的名字。它出现的地方，人们便会产生惊恐慌乱。

鸪鹢

【经文】 小侯之山有鸟焉，其状如乌而白文，名曰鸪鹢^①，食之不濋^②。

【注释】 ①鸪鹢（gū xí）；②濋（jiào）。《图赞》："鸪鹢之鸟，食之不瞧（一作醮）。"《玉篇》："瞧，目冥也。"汪绂注："濋，目瞬动也。"此鸟为鹧鸪。雉科，体长约30厘米，栖息于生有灌丛和疏树的山地。鸣时立于山巅树上。主食谷粒、豆类和其他植物种子，兼食昆虫。

【译文】 小侯山有一种鸟，样子像乌鸦而长有白色的斑纹，名字叫鸪鹢。吃了它，可以不得眼疾。

黄鸟

【经文】 轩辕之山有鸟焉，其状如枭而白首，其名曰黄鸟，其鸣自训。食之不妒。

【注释】 汪绂注："经中所称黄鸟，鹂也，一名仓庚，今谓之黄莺。"这显然与经文中其状如枭不符，此鸟疑为白头鹰或雪鸮。雪鸮，又叫白猫头鹰，体长55～63厘米，体重1000～1950克。主要栖息于苔原森林、平原、旷野和森林中，捕食旅鼠和雪兔。

【译文】 轩辕山有一种鸟，模样像鹰而长有白色脑袋，名字叫黄鸟。它的鸣叫声如同呼唤自己的名字。吃了它的肉可治妒嫉。

白蛇

【经文】　神囷之山，其上有文石，其下有白蛇。

【注释】　囷（qūn），古代的一种圆形粮仓。白蛇在《中次十二经》有描述："柴桑之山，其上多银，其下多碧，其兽多麈、鹿，多白蛇、飞蛇。"此蛇疑为白条锦蛇。头略呈椭圆形，体较粗长，可达 1 米以上，生活于平原、丘陵或山区、草原，栖于田野、草坡、林区、河边。晴天白天或傍晚出动，捕食壁虎、蜥蜴、鼠类、小鸟和鸟卵。我国北方广泛分布。

【译文】　神囷山上多产花纹石，山下多产白蛇。

精卫

【经文】 发鸠之山，其上多柘木，有鸟焉，其状如乌，文首，白喙，赤
足，名曰精卫。其鸣自詨。是炎帝之少女，名曰女娃，女娃游
于东海，溺而不返，故为精卫，常衔西山之木石，以堙于东海。

【注释】 堙（yīn）。《博物志》云："有鸟如乌，文首、白喙、赤足，曰精卫。"
《述异记》曰："偶海燕而生子，生雌状如精卫，生雄如海燕。"此鸟以
海燕为原型，衔木石乃鸟造巢行为。

【译文】 发鸠山上多产柘树。有一种鸟，模样似乌鸦，花脑袋，白嘴喙，
红脚爪，名字叫精卫。它鸣叫的声音如同呼唤自己的名字。她
是炎帝的女儿，名叫女娃。女娃在东海游泳，不幸被淹死，死
后变为精卫小鸟，常常衔西山的树枝、石子来投入东海，誓把
大海填平。

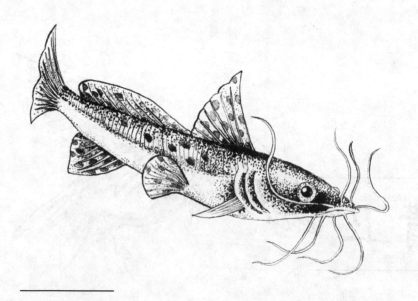

鳠

【经文】　绣山，洧①水出焉，而东流注于河。其中有鳠②、黾③。

【注释】　①洧（wěi）；②鳠（hù）；③黾（měng）。《初学记》："鳠似鲇而大，色白。或鳢之大者曰鳠。"此鱼应为大鳍鳠。体较细长约30厘米，灰褐色，无斑点，头平扁，口具须四对，分布于长江流域。肉质细嫩，为普通食用鱼类。

【译文】　绣山，洧水发源于此，向东流入于河。其水中产有鳠鱼、青蛙。

【经文】 绣山，洧水出焉，而东流注于河，其中有鱯、黾。

【注释】 郭璞注："黾似虾蟆，小而青。"《尔雅·释鱼》："在水者黾。"黾为青蛙青蛙别称黑斑蛙、田鸡。体长可达 8 厘米。栖息池塘、水沟或小河岸边草丛中，捕食害虫，对农业有益。广布于我国南北地区。

【译文】 绣山，洧水发源于此，向东流入于河，其水中产有鱯鱼、青蛙。

㻬㻬

【经文】　泰戏之山，乏草木，多金、玉。有兽焉，其状如羊，一角一目，目在耳后，其名曰㻬㻬，其鸣自讠川。

【注释】　㻬（dōng）。《兽经》曰："㻬㻬一目，从从六足。"《骈雅》曰："羊一角谓之㻬㻬。"杨慎《奇字韵》曰："㻬㻬，今产于代州雁门谷口，俗呼为犞子，见则岁丰。"《河源志》云："昆仑以西，兽有……㻬羊之类。"愚意此为羊图腾，以斑羚为主型。目在耳后，乃斑羚后颈斑纹似眼。一角，侧看似一角。斑羚属，牛科。体长 1~1.2 米。形似家养山羊，常栖于山顶岩石间，善跳跃，分布于我国中部、南部、东南部。

【译文】　泰戏山没长草木，多产黄金、玉石。有一种野兽，模样像羊，一角一眼，眼睛长在耳朵后面。它的名字叫㻬㻬。其叫声如同呼唤自己的名字。

鹠

【经文】　饶山，其鸟多鹠。

【注释】　鹠（liú）。鹠，鸺鹠，古称旧留，都指横纹猫头鹰及其"呕乎"的鸣声。《尔雅》谓之怪鸱，汪绂注："鸺鹠头似猫。"由此可见，此鸟就是鸺鹠。现分布于长江以南区域，上古时期可能广泛分布。夜出捕取小型动物为食。巢营于树洞中，偶在喜鹊废巢中。

【译文】　饶山上的鸟中有很多的鹠鸟。

獂

【经文】　乾^①山有兽焉，其状如牛而三足。其名曰獂^②。其鸣自诙。

【注释】　①乾（gān）；②獂（huán）。《元览》曰："从从六足，獂三足。"獂当为豲，为原牛。原牛遍布欧亚大陆，但由于人类捕杀，破坏环境等因素，到 2000 年时，仅在欧洲中部有分布。原牛是家牛的祖先，体态魁梧，肩高 1.8 米，双角尖耸。

【译文】　乾山有一种野兽，模样像牛却长有三只脚。它的名字叫獂，鸣叫起来如同呼唤自己的名字。

羆

【经文】　伦山有兽焉，其状如麋，其川在尾上，其名曰羆。

【注释】　羆（pí）。羆又作羆九，伦山羆九非熊，形象像麋鹿，后窍在尾上，此兽为鹿图腾。

【译文】　伦山有一种野兽，它的模样像麋鹿，肛门长在尾巴上，它的名字叫羆。

大蛇

【经文】　镎于毋逢之山，北望鸡号之山，其风如飚。西望幽都之山，浴水出焉，是有大蛇，赤首白身，其音如牛，见则邑大旱。

【注释】　镎（chún）。《图赞》曰："幽都之山，大蛇牛呴。"愚意大蛇为蛇图腾。以亚洲鼠蛇为主型。这是一种缠劲很大的大蛇，长达2.2米，栖息于森林、田地和村庄周围，以小型哺乳动物为食。

【译文】　镎于毋逢山，向北可望见鸡号山，吹来的风刺骨。向西可望见幽都山，浴水发源于此。山上产有大蛇，红色的脑袋，白色的身体，发出的声音如牛叫，它出现的地方会发生大旱灾。

马身人面神

【经文】 自太行之山以至于毋逢之山，凡四十六山……其神状皆马身而
人面者廿神。

【注释】 廿（niàn）。郝懿行解释说"四十六山，其神乃止四十四，盖有摄山
者"，祭祀它们"皆用稌糈米祠之"。

【译文】 从太行山到毋逢山，共四十六座山……这里的山神的容貌为马
的身体人的面孔，一共二十个山神。

十四神

【经文】　自太行之山以至于毋逢之山，凡四十六山……其十四神状皆彘身而载（戴）玉。

【注释】　汪绂注十四神是自锡山至高是山十四座山的山主。愚意十四神为端公扮装，进行祭祀。

【译文】　从太行山到毋逢山，共四十六座山……这里的十四座山神都是猪的身体，颈上带有玉饰。

彘身八足神

【经文】 自太行之山以至于毋逢之山，凡四十六山……其十神状皆彘身而八足蛇尾。

【注释】 汪绂注十神是自陆山至毋逢山十座山的山主。愚意彘身八足神是此地区众山族群的盟主形象。

【译文】 从太行山到毋逢山，共四十六座山……这里有十个山神，模样为野猪的身体而长有八只蹄子、蛇的尾巴。

东山经

鳙鳙鱼

【经文】　榢①姑②之山，食水出焉，而东北流注于海。其中多鳙③鳙之鱼，其状如犁牛，其音如彘鸣。

【注释】　①榢(sù)；②姑(zhū)；③鳙(yōng)。《汉语动物命名考释》："鳙，瘤牛叫鳙，花骨朵叫甬，花叫俗，花鲢有个臃肿的大头，叫鳙，均指团状物。"《博物志》云："东海中有牛鱼，其形如牛，剥其皮悬之，潮水至则毛起，潮去则伏，即是鱼也。"此鱼为海牛。"《初学记》卷三十曰："牛鱼，目似牛，形如犊子。"《图赞》注："犁牛，牛似虎文者。"此鱼疑为花鲢（古称鳙鱼）。它体长40厘米，最大的可达35公斤左右，头大，鳞细小，微黑，有不规则小斑点。为中国四大家鱼之一。

【译文】　榢姑山，食水从这里流出，向东北流入大海，水中多产鳙鳙鱼，模样像犁牛，叫声像野猪。

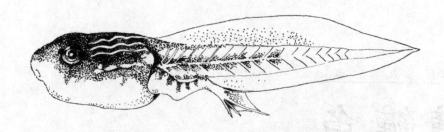

活师

【经文】　蕅山，湖水出焉，东流注于食水，其中多活师。

【注释】　蕅（lěi）。活师即蝌蚪，又名活东。李海霞《汉语动物命名考释》："蝌，犹科、颗、蝌、圆物。蚪，犹斗、兜、头、豆、圆物，蝌蚪头圆大。"《尔雅·释鱼》："科斗活东。"郭璞注云："虾蟆子，头圆大而尾细。"《古今注·鱼虫》："虾蟆子曰科斗，一曰元针，一曰元鱼，形圆而尾大，尾脱即脚生。"此为青蛙幼体蝌蚪。生活在水中，头、体部结合成圆形，有长尾，呈黑色。

【译文】　蕅山，湖水从这里流出，向东流入食水，水中多产活师。

从从

【经文】 枸状之山有兽焉，其状如犬，六足，其名曰从从，其鸣自詨。

【注释】 枸（xún）。《古代汉语常用字字典》注："从，有跟随、追赶之意。"《骈雅》曰："从从六足，犬也。"《事物绀珠》云："从从如犬，六足，尾长丈余。"《宋书》："六足兽，王者谋及众庶，则至。"此兽应为犬图腾，以犬的品种之一狻的祖型为原型。

【译文】 枸状山有一种野兽，样子像狗，六只脚，它的名字叫从从，它的叫声如同呼唤自己的名字。

蚩鼠

【经文】 枸状之山有鸟焉，其状如鸡而鼠毛，其名蚩鼠，见则其邑大旱。

【注释】 蚩（zī）。《骈雅》曰："蚩鼠，鸡属也。"《事物绀珠》云："蚩鼠如鸡，鼠毛。"蚩鼠鸡是鸡的种类之一，是乌骨鸡的祖型，参见《中国古代动物学史》。乌骨鸡简称"乌鸡"，性平，味甘，人们多用乌鸡补养产妇、滋补久病虚弱或失血过多的病人。被誉为"妇科圣药"。

【译文】 枸状山有种鸟，样子像鸡而全身鼠毛，它的名字叫蚩鼠，它出现的地方就会发生大旱。

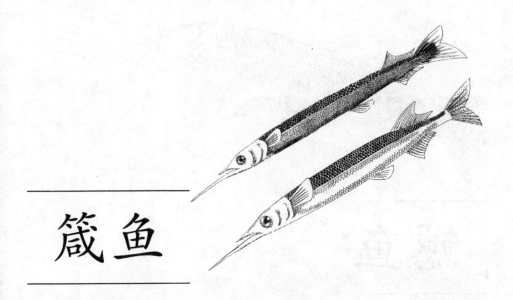

箴鱼

【经文】　枸状之山，汦水出焉，而北流注于湖水，其中多箴鱼，其状如鲦，其喙如箴，食之无疫疾。

【注释】　鲦（tiáo）。《雅俗稽言》记："针口鱼，鱼口似针，头有红点，两旁自头至尾有白路如银色，身细尾岐，长三四寸，二月间出于海中。"《本草纲目》云："此鱼喙有一针，故有针鱼、姜公鱼、铜呙鱼诸名。俗云，姜太公钓针，亦傅会也。"此鱼疑为细鳞鱵鱼。分布于我国北部沿海一带，以及朝鲜、日本等。栖息于浅海，有时入淡水中。常跳跃出水面，渔民在6—8月捕捞较多。

【译文】　枸状山，汦水从这里流出，向北流入湖水，水中多产箴鱼，模样像鲦鱼，嘴喙像针，吃了它不会感染瘟疫。

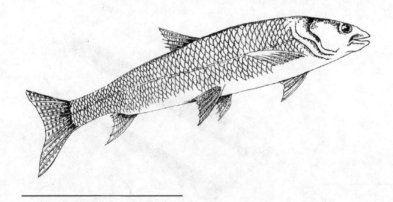

鳡鱼

【经文】　番条之山，无草木，多沙。减水出焉，北流注于海，其中多
鳡鱼。

【注释】　鳡（gǎn）。鳡（鱤），犹杠、杆，身体杠子形。鳡与今先竿鱼命名取象
相同。鳡鱼也称黄颊。《说文》云："鳡，哆口鱼也。"晋陆机云："今
黄颊鱼也，似燕头鱼身，形厚而长，大颊骨，正黄鱼之大而有力解飞
者。徐州人谓之杨黄颊，通语也。今江东呼黄鳇鱼。亦名黄颊鱼，尾
微黄，大者长尺七、八寸许。"《中国古代动物学史》称此为鳡鱼。它
属鲤科，体长达1米，修长，背部黑色。性凶猛，游泳迅速。我国除
高原外广泛分布。

【译文】　番条山上不长草木，多为沙土，减水从这里流出去，向北流入
大海，水中多产鳡鱼。

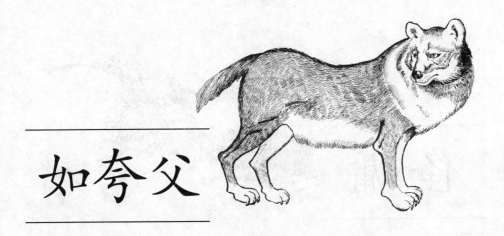

如夸父

【经文】 狐山有兽焉，其状如夸父而彘毛，其音如呼，见则天下大水。

【注释】 狐（chái）。此图腾以狐、豹为主型。狐：犹狨，伤害，狐害物甚列，见《汉语动物命名考释》。它属食肉目，犬科。形似狼而小，略大于狐。性非常凶猛，能集群围攻大动物如水牛、老虎等。我国普遍分布。

【译文】 狐山，有一种野兽样子像猿猴，而全身长满野猪毛，它的叫声像人呼喊，它一出现天下就会发生大水。

儵蟾

【经文】 　独山，末涂之水出焉，而东南流注于沔^①，其中多儵蟾^②，其状
　　　　　　如黄蛇，鱼翼，出入有光，见则其邑大旱。

【注释】 　①沔（miǎn）；②儵蟾（tiáo yóng）。马昌仪《古本山海经图说》按：
　　　　　　"《骈雅》称之为毒虫。"郭璞《江赋》云："儵蟾拂翼而掣耀。"《奇字
　　　　　　韵》云："儵蟾，色如黄蛇，有羽。"此图腾以水游蛇为主型。它生活
　　　　　　在山涧草原池沼中及近水地带，以泥鳅、鳝、鳗、蛙及蝌蚪为食，遍
　　　　　　布我国东南一带。

【译文】 　独山，末涂之水从这里流出，向东南流入沔水，水中多产儵蟾，
　　　　　　模样像黄蛇，长着鱼的鳍，出入水中泛着光芒，它出现的地方
　　　　　　就会大旱。

狪狪

【经文】　泰山，其上多玉，其下多金。有兽焉，其状如豚而有珠，名曰
狪狪，其鸣自讪。

【注释】　狪（tóng）。《骈雅》曰："狪狪，珠豚也。"《唐韵·释兽》曰："狪狪兽似
豕，出泰山。"此猪疑为有结石或怀孕的猪，猪的咳嗽声为同。猪属偶蹄
目，猪科。一般指家猪，由野猪驯化而来，体肥满，吻长耳大，毛粗硬。

【译文】　泰山，山上多产玉石，山下多产黄金。有一种奇兽，模样像家猪，
而体内孕含有宝珠，它的名字叫狪狪，它的叫声如同呼唤自己的
名字。

人身龙首神

【经文】 自橄蠢之山以至于竹山，凡十二山其神状皆人身龙首。祠：毛用
一犬祈，聏用鱼。

【注释】 聏（èr）。郭璞云："以血涂祭为聏也。"《公羊传》云："盖叩其鼻
以聏社。"当时祭此神，用的是鱼血、狗血。

【译文】 从橄蠢山到竹山，共十二座山，神的模样都是人的身体龙的脑
袋。祭祀，毛物要用一只狗来血祭，聏（音耳）祭要用鱼血
涂祭。

轮轮

【经文】 空桑之山有兽焉，其状如牛而虎文，其音如钦，其名曰轮轮，
其鸣自詨，见则天下大水。

【注释】 轮（líng）。《骈雅》曰："牛而虎文曰轮轮。"《谈荟》云："水兽兆水。
轮轮之兽，见则天下大水也。"此兽为鬣羚。它似羊，体形又较羊大，
毛色深，耳长似驴耳，故称鬣羚，栖息于山区多岩石峭壁间，跳跃行
走，常单独活动。

【译文】 空桑山有一种水兽，模样像牛，而身披虎纹皮毛。它的叫声像
人在呻吟，它的名字叫轮轮。叫声像呼唤自己的名字。它出现
天下会发大水灾。

珠蟞鱼

【经文】 葛山之首，无草木。澧①水出焉，东流注于余泽，其中多珠（朱）蟞②鱼，其状如肺而有目，六足有珠，其味酸甘，食之无疬③。

【注释】 ①澧（lǐ）；②蟞（biē）；③疬（lí）。《吕氏春秋》曰："澧水之鱼，名曰朱蟞，六足有珠，鱼之美也。"《初学记》曰："珠蟞，如肺而有目，六足而吐珠。"不同版本的珠蟞鱼图，蟞有不同的形态，有二目、四目和六目三种。根据蟞鱼图片，多目实为皮纹像多个眼睛所致。愚意此鱼为斑蟞。也称大湖蟞，是国家一级保护动物，数量稀少，非常珍贵，是濒危的水中大熊猫。

【译文】 葛山山头，草木不生，澧水从这里流出，向东流入余泽。水中多产珠蟞鱼，它的形状像肺叶，长有多只眼睛，六只脚中分泌出青碧色的水泡。它的味道酸中带甜，吃了它可以预防瘟疫。

犰狳

【经文】 余峨之山有兽焉，其状如菟而鸟喙，鸱目蛇尾，见人则眠，名曰犰狳，其鸣自讥，见则螽蝗为败。

【注释】 犰狳（qiú yú）。犰狳是一种爬行动物。《篇海》曰："狳兽似兔，鸟喙鸱目。"《兽经》云："山都见人则走，犰狳见人则眠。"《异物志》曰："犰狳属贫齿目犰狳科。形似穿山甲，身体覆盖整块的鳞板，鳞板在腰部有活动横带，使其可将身体蜷曲成球状，吃虫子、植物等。

【译文】 余峨山上有一种野兽，模样像兔子却长着鸟的喙、鹰的双眼、蛇的尾巴，见到人就装死，名字叫犰狳。它的叫声如同呼唤自己的名字。它出现的地方，螽斯和蝗虫会飞来毁害庄稼。

朱獳

【经文】 耿山，无草木，多水碧，多大蛇。有兽焉，其状如狐而鱼翼，其名曰朱獳。其鸣自讪，见则其国有恐。

【注释】 獳（rú）。《骈雅》曰："朱獳乘黄，狐属也。"《事物绀珠》曰："朱獳似狐，鱼翼。"此兽为狐图腾，以赤狐为主型。狐，上古音读近哈，似之。见《汉语动物命名考释》。它属食肉目，犬科，似狼而小。背红棕色，尾端约1/5白色。性狡猾，行动矫健敏捷，食性杂。国内曾广泛分布，现少见。

【译文】 耿山，草木不生，多产碧色水晶，多生大蛇。有一种怪兽，它的模样像狐狸，却长着鱼翼，名叫朱獳，其叫声如同呼唤自己的名称。它出现的地方，人们便会惊恐慌乱。

鹈鹕

【经文】 卢其之山，无草木，多沙石。沙水出焉，南流注于涔水，其中
多鹈鹕，其状如鸳鸯而人足。其鸣自讪，见则其国多土功。

【注释】 鹈（lí）。鹈犹稀、梿、黄（均读鹈），延长物。鹈鹕有尺余长的大嘴。
汪绂注：鹈鹕之足颇似人足，然其状似雁不似鸳鸯，此鸟为水禽鹈鹕。
它属鹈形目，鹈鹕科，大型水禽，嘴极长大，下颚具有可扩张的大喉
囊。通常结群生活在大的水体中。

【译文】 卢其山，草木不生，多产沙石，沙水从这里流出，向南流入涔
水。水中多产鹈鹕，样子像鸳鸯，却长着一双人的脚。它鸣叫的
声音如同呼唤自己的名字，它出现的地方，多大兴土木。

獙獙

【经文】 姑逢之山有兽焉，其状如狐而有翼，其音如鸿雁，其名曰獙獙，
见则天下大旱。

【注释】 獙（bì）。《骈雅》曰："獙獙鸟翼，狐属也。"《图赞》曰："獙獙如狐，
有翼不飞。"此图腾以沙狐为主型。愚意端公将雕翅缝合在沙狐身上，
以兆大旱。沙狐属食肉目，犬科，栖息在开阔的草原和半荒漠地带，
主要在夜间活动，以小型啮齿类动物为食，也捕鸟类、蜥蜴和昆虫。

【译文】 姑逢山，有一种野兽，模样像狐狸，却长着双翼，其叫声如鸿
雁，它的名字叫獙獙，见到它就预示着天下大旱。

蠪蛭

【经文】 凫①丽之山有兽焉，其状如狐，而九尾九首，虎爪，名曰蠪蛭②。其音如婴儿，是食人。

【注释】 ①凫（fú）；②蠪蛭（lóng zhì）。《唐韵》云："龙蛭如狐，九尾虎爪，呼如小儿，食人，一名崎蛭。"《广博物志》又作蠪蛭兽，九首者别有开明九兽，此兽为狐图腾。愚意端公将九只小狐狸头和尾缝合在一只大狐狸身上，以示族群强大。

【译文】 凫丽山有一种野兽，样子像狐狸，却有九条尾、九个脑袋、虎的足爪。它的名字叫做蠪蛭。它鸣叫的声音像婴儿啼哭，会伤害人。

峳峳

【经文】 硬①山有兽焉，其状如马，而羊目、四角、牛尾，其音如獆狗，其名曰峳峳②，见则其国多狡客。

【注释】 ①硬（yīn）；②峳（yóu）。《图赞》曰："治在得贤，亡由失人，峳峳之来，乃至狡宾，归之冥应，谁见其津。"《中国古代动物学史》注峳峳即鹅喉羚。它因喉部膨大，故名。大多栖息于荒芜的沙漠地区，与黄羊有别；亦有生活在丘陵地带的，也随着季节，而有迁徙现象。它白昼活动，能耐旱，很少饮水，食物主为艾蒿类及草类。

【译文】 硬山有一种怪兽，样子像马，却长着羊的眼睛，四只角，牛的尾巴，其叫声如同獆狗，它的名字叫峳峳，它出现的地方，就会有许多奸诈狡猾之徒。

絜 钩

【经文】 碈山有鸟焉，其状如凫而鼠尾，善登木，其名曰絜钩，见则其国多疫。

【注释】 絜（xié）。《图赞》曰："絜钩似凫，见则民悲。"此图腾以啄木鸟为主型。啄木鸟属䴕形目，是啄木鸟科和响蜜䴕科的通称，啄木鸟喙长而坚，四趾两前后，适于攀缘。体色多杂美丽花斑，体长21厘米。

【译文】 碈山有一种鸟，模样像野鸭，却长着老鼠的尾巴，它的名字叫絜钩。它出现预示国家会多发生瘟疫。

兽身人面神

【经文】　自空桑之山至于硾山，凡十七山……其神状皆兽身人面载觡。

【注释】　觡（gé）。这一带山神头上有牝鹿之角，祭祀此神，毛物要用一只鸡，玉要用一璧。证明此山山民对麋鹿的崇拜。

【译文】　从空桑山到硾山，共十七座山……这里的山神模样都是野兽的身体，人的面孔，头上长着麋鹿的角。

媛胡

【经文】　尸胡之山有兽焉，其状如麋而鱼目，名曰媛胡，其鸣自讪。

【注释】　媛（wǎn）。郝懿行案："嘉庆五年，册使封琉球归舟泊马齿山，下人进二鹿，毛浅而小眼似鱼眼，使者著记谓是海鱼所化，余以经证之，知是媛胡也。"《图赞》曰："媛胡之状，似麋鱼眼。"《中国古代动物学史》注此兽为白唇鹿。它为大型鹿类，体重在 200 公斤以上，以禾本科和莎草科植物为主要食物。白唇鹿浑身是宝，所以很早就是被人捕杀的对象，其鹿茸是名贵的中药材。

【译文】　尸胡山有一种野兽，样子像麋鹿，却长着鱼的眼睛。它的名字叫媛胡，其叫声如同呼唤自己的名字。

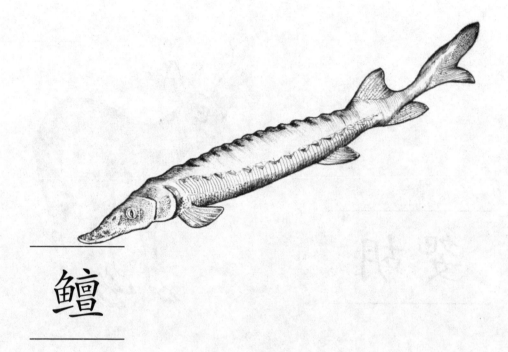

鳣

【经文】　孟子之山，其上有水出焉，名曰碧阳，其中多鳣。

【注释】　鳣（zhān）。《尔雅·释鱼》注曰："鳣，大鱼似鱏而短鼻，口在颔下，体有邪行甲，无鳞，肉黄，大者二三丈，江东呼为黄鱼。"《毛诗义疏》曰："鳣身形似龙，锐头。"《中国古代动物学史》注此鱼为中华鲟。鲟鱼是底层鱼类。它们幼体的食物以水中无脊柱动物为主，成鱼的食物中则混有鱼类。此鱼是一种价值很高的经济鱼类，长江下游一带称为着甲鱼，其鳔称为鲟鱼肚，有上等胶质，其卵可制"鱼子酱"。

【译文】　孟子山，山上有水流出，名叫碧阳水，水中多产鳣鱼。

鮪

【经文】　孟子之山，其上有水出焉，名曰碧阳，其中多鮪。

【注释】　鮪（wěi）。《尔雅·释鱼》注："鮪，鳣属也，大者名王鮪。"《夏小正》曰："鮪者，鱼之先至者也。"鮪鱼为白鲟。分布于长江及钱塘江，为我国特产鱼类。吻形长如象鼻，故民间亦称为象鱼。为凶猛鱼类，以食鱼为主，兼吃虾、蟹等，体重达数百斤。

【译文】　孟子之山，山上有水流出，名叫碧阳水，水中多鮪鱼。

蠵龟

【经文】 跂①踵之山有水焉，广员四十里皆涌，其名曰深泽，其中多
蠵②龟。

【注释】 ①跂（qí）；②蠵（xī）。《尔雅·释鱼》注："龟有十种，神龟、灵龟、
摄龟、宝龟、文龟、山龟、泽龟、火龟。"此龟为灵龟，海龟的一种。
蠵龟，在我国见于东南各省沿海一带，以鱼、虾等为食。内有臭气，
但多含脂肪，可熬油。

【译文】 跂踵山有一潭水，方圆四十里，波涛奔涌不止，它的名字叫深
泽，水中多产蠵龟。

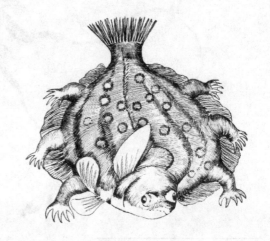

鲐鲐鱼

【经文】 跂踵之山有鱼焉，其状如鲤，而六足鸟尾，名曰鲐鲐之鱼，其鸣自讪。

【注释】 鲐（gé）。《广雅》曰："东方有鱼焉，如鲤六足鸟尾，其名曰鲐。"《事物绀珠》云："鲐如鲤，六足鸟尾，出于东方深泽中。"此鱼为比目鱼，如鲽科、鳎科的通名，如卵鳎等。愚意鲐鲐鱼为斑鲆和海龟的合体图腾，以代表族群部落。斑鲆分布于我国沿海，栖息于热带海底层中，广东沿海极为常见。

【译文】 跂踵之山有一种鱼，样子像鲤鱼，长着六只脚和鸟的尾巴，它的名字叫鲐鲐鱼，其鸣叫声如呼唤自己的名字。

精精

【经文】 蔀①隅②之山，有兽焉，其状如牛而马尾，名曰精精，其鸣自讪。

【注释】 ①蔀（mǔ）；②隅（yú）。《骈雅》曰："兽似牛而马尾，曰精精。万历二十五年，括苍得异兽，其角双，身作鹿文，马尾牛蹄。"郭璞《图赞》曰："精精如牛，以尾自辨。"此兽为黄羊。黄羊性不耐渴，常于晨昏间往水源处饮水，奔跑迅速，每小时能达90公里。好群栖，一群多达数千只，一望无边，至冬逐渐南迁，往水草丰盛地区觅食。

【译文】 蔀隅山有一种野兽模样像牛，却长着马的尾巴，它的名字叫精精，其叫声如同呼唤自己的名字。

人身羊角神

【经文】　自尸胡之山至于无皋之山，凡九山……其神状皆人身而羊角。
是神也，见则风雨水为败。

【注释】　这是一位凶兆之神，为端公所扮，半人身，羊状。也称东山神，祭祀
它们，毛物用一公羊，精米所黍。

【译文】　从尸胡山到无皋山，共九座……其山神的模样均为人的身体羊
的角，这些神呀，只要它们出现就会发生大风大雨，田禾荒芜。

218

猲狙

【经文】　北号之山有兽焉，其状如狼，赤首鼠目，其音如豚，名曰猲狙，是食人。

【注释】　猲狙（gé jū）。《古汉语常用词典》："猲（xiē），威胁，恐吓。"狙，窥视，暗中观察动静，体现了豺的特性。杨慎《古音略》云："有兽赤眉鼠目，名曰猲狙。"此兽为中国猎犬短嘴狗——猲骄的祖型，猲狙是豺的古名。

【译文】　北号山中，有一种野兽，样子像狼，红色的脑袋，鼠的眼睛，声音如猪叫，它的名字叫猲狙，会伤害人。

䴅雀

【经文】 北号之山有鸟焉，其状如鸡而白首，鼠足而虎爪，其名曰䴅雀，
亦食人。䴅：古星名。

【注释】 䴅（qí）。《楚辞·天问》云："䴅堆焉处？"王逸注云："䴅堆，奇兽
也。"唐柳宗元《天对》云："䴅雀在北号，惟人是食。"显然王逸注是
错误的。此鸟为食人鸟，不是兽。《骈雅》曰："䴅雀，食人鸟也。"
《汉语动物命名考释》说："此鸟应是鹰科的鵟。"与《中国古代动物
史》注："䴅雀为胡兀鹫"有异。李海霞认为，鵟似母鸡，它的别名叫
鸡母鵟，白首，鵟头部后颈呈白色。胫生毛称为鼠足，爪强健称为虎
爪。此说甚为有理，当采信。

【译文】 北号山有一种鸟，模样像鸡，白色的脑袋，却长着老鼠的脚，
虎的爪子，它的名字叫䴅雀，也会伤害人。

鳛鱼

【经文】　旄山，无草木。苍体之水出焉，而西流注于展水。其中多鳛[①]
鱼，其状如鲤而大首，食者不疣[②]。

【注释】　①鳛（xiū）；②疣（yóu）。李海霞《汉语动物命名考释》："鳛，犹修，
长。海鲇身体长条形。"鳛鱼即海鲇。见《中国古代动物学史》。愚意
鳛鱼为中华海鲇。它形似鲇鱼，体长二三十厘米，背鳍、胸鳍均有粗
壮的硬刺，有毒。雄鱼有含卵孵化的习性。栖于近海海底。

【译文】　旄山，草木不生，苍体水从这里流出，向西流入展水，水中多
产鳛鱼，样子像鲤鱼而头大，吃了它的肉可不长赘疣（俗称瘊
子）。

贝

【经文】 东始之山，泚水出焉，而东北流注于海，其中多美贝。

【注释】 泚（cǐ）。贝，蛤螺等，有壳软体动物的总称。贝，两、双之义。贝源于对双壳类的称呼。参见李海霞《汉语动物命名考释》。《说文》云："贝是海中介虫，其甲人之所宝，古今以为货泉交易，今尽出南蕃海中，凡贝皆带黄白而有黑紫点。"古代多将贝类作为货币使用。到秦朝才废止贝行钱。

【译文】 东始之山，泚水从这里流出，向东北流入大海，水中多产美丽的贝壳。

茈鱼

【经文】 东始之山，泚水出焉，而东北流注于海，其中多美贝，多茈鱼，其状如鲋①，一首而十身，其臭②如虆③芜，食之不糠④。

【注释】 ①鲋（fù）；②臭（xiù）；③虆（mí）；④糠（pì）。臭：气味。虆芜：一种香草，叶子像当归草，气味像白芷草。《图赞》曰："有鱼十身，虆芜其臭，食之和体，气不下溜。"愚意茈鱼为章鱼，也称八带鱼。章鱼属软体动物门，头足纲，八腕类，它的形体有大有小，小的体长只有几十厘米，大的体长可达60多米，体重可达7吨。

【译文】 东始山，泚水从这里流出，向东北流入大海，水中多产美丽的贝类，多产茈鱼。茈鱼的样子像鲋鱼，一个脑袋十个身体，气味像虆芜，吃了它，不会放屁。

薄鱼

【经文】　女烝①之山，其上无草木，石膏水出焉，而西注于䣼②水，其中多薄鱼，其状如鳣③鱼而一目，其音如欧，见则天下大旱。

【注释】　①烝（zhēng）；②䣼（lì）。《初学记》曰："薄鱼，其状如鳣鱼一目，其音如欧，见则天下反。"郭璞《图赞》曰："薄之跃渊，是维灾候。"愚意此鱼为薄鳅鱼图腾。它产于长江上游。体色淡灰，体侧有五条直立宽纹。

【译文】　女烝之山，草木不生，石膏之水从这里流出，向西流入䣼水，水中多产薄鱼，模样像鳣鱼却长着一只眼睛，声音如人呕吐，见到它天下就会发生大旱灾。

当康

【经文】 钦山有兽焉，其状如豚而有牙，其名曰当康，其鸣自讪，见则天下大穰。

【注释】 穰（ráng）。《骈雅》云："当康，牙豚也。"《神异经》云："南方有兽，似鹿而豕首有牙，善依人求五谷，名无损之兽。"所说形状与豚兽相近，愚意当康为雄性大型野猪。属乌苏里亚种，栖于山林中，常聚族而居。多在夜间活动，杂食性，它是山区的一种常见狩猎动物。

【译文】 钦山有一种瑞兽，模样像家猪，而长有獠牙，其名叫当康。它的叫声如同呼唤自己的名字，它出现则天下五谷丰登。

鳛鱼

【经文】 子桐之山，子桐之水出焉，而西流注于余如之泽，其中多鳛鱼，
其状如鱼而鸟翼，出入有光，其音如鸳鸯。见则天下大旱。

【注释】 《图赞》曰："鳛鱼鸟翼，飞乃流光。同出殊应，或灾或祥。"这种鳛鱼
不是《西次三经》中的鳛鱼，"其状如蛇而四足，是食鱼"，本文鳛鱼
为长吻鳛。遍见于国内南北各主要水系里，食物以水生昆虫为主。幼
鱼食浮游动物。为产区江湖中常见的中小型鱼类。

【译文】 子桐山，子桐水从这里流出，向西流入余如泽，水中多产鳛鱼，
样子像鱼却长着鸟的翅膀，出入水中泛有光芒，它发出的声音
像鸳鸯。它一出现则天下大旱。

【经文】 剡^①山有兽焉，其状如彘而人面，黄身而赤尾，其名曰合窳^②，其音如婴儿。是兽也，食人，亦食虫蛇，见则天下大水。

【注释】 ①剡（yǎn）；②窳（yǔ）：粗劣，懒惰。《事物绀珠》曰："合窳如猪，人面血食。"苏鹗《杜阳杂编》曰："彘能啗蛇也。"愚意合窳为猪图腾，以野猪之棕黄色品种为主型。

【译文】 剡山有一种野兽，模样像野猪却长着人的面孔，全身呈黄色，尾巴赤红，它的名字叫合窳，它的声音像婴儿。这种野兽会吃人，也吃虫、蛇，它出现天下就会发大水。

蜚

【经文】 太山有兽焉，其状如牛而白首，一目而蛇尾，其名曰蜚，行水则竭，行草则死，见则天下大疫。

【注释】 蜚（fēi）。《汉语动物命名考释》："蜚犹菲、扉，薄物，薄。"杨雄《方言》："菲，薄也。"吴任臣按："春秋庄公二十五年秋，有蜚。"《字汇》："犉似牛，白首一目。"疑为此兽。愚意此图腾以水牛为主型。蜚，形容牛毛薄似草垫。

【译文】 太山有一种野兽，模样像牛，白色的脑袋，一只眼睛，还长有蛇的尾巴，它的名字叫蜚，遇水则干，遇草则荒，它出现则天下瘟疫流行。

中山经

——山海经图译——

貒

【经文】　甘枣之山有兽焉，其状如獇①鼠而文题，其名曰貒②，食之已瘿。

【注释】　①獇（dú）；②貒（nuó）。《玉篇》云："貒兽，似鼠，食之明目。"《广韵》云："兽名，似鼠，斑头，食之明目。"此兽为马来熊之幼兽。它栖于热带和亚热带的丛林中，善于攀木。性亦杂食，无冬眠习性。

【译文】　甘枣山，有一种野兽，样子像獇鼠，额上有斑纹，它的名字叫貒。吃了它可以消除脖颈上的肉瘤。

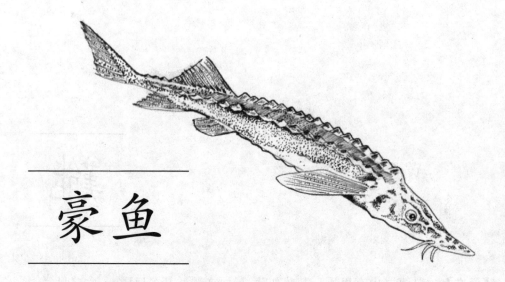

豪鱼

【经文】　渠猪山，渠猪之水出焉，而南流注于河。其中是多豪鱼，状如鮪，赤喙尾、赤羽，可以已白癣。

【注释】　《图赞》曰："豪鳞除癣，天婴已痤。"豪鱼为鱼图腾，其主型为施氏鲟，它是一种典型江河鱼类，不作远距离洄游，属中下层鱼类，喜欢独行，贴江底游动，身长一米以上，重6公斤，以小型鱼类、水蛙为食，是大型名贵珍稀鱼类。

【译文】　渠猪山，渠猪水从这里流出，向南流入黄河。水中多产豪鱼，它的样子像鮪鱼，红嘴啄、鱼尾似红色羽毛。吃了它可以消除白癣。

飞鱼

【经文】 牛首之山，劳水出焉，而西流注于滽^①水。是多飞鱼，其状如鲋鱼，食之已痔衕^②。

【注释】 ①滽（jué）；②衕（dòng）。《图赞》云："飞鱼如鲋，登云游波。"飞鱼即裸鲤，如祁连山裸鲤，淡水鱼。俗称湟鱼、花鱼、狗鱼，为冷水性鱼类，喜欢生活在浅水中，也常见于滩边洄水区或大石滩间流水较缓的地方，主要食物为硅藻及各种水生昆虫，最大体长可达95厘米，全重约6.5公斤。

【译文】 牛首之山，劳水从这里流出，向西流入滽水，水中多产飞鱼，它的模样像鲋鱼，吃了它可治痔疮、止腹泻。

朏朏

【经文】　霍山有兽焉，其状如狸，而白尾有鬣，名曰朏朏，养之可以已忧。

【注释】　朏（fěi）。陈藏器《本草拾遗》云："风狸似兔而短，人取笼养之。"宋汪若海《麟书》云："安得朏朏与之游，而释我之忧也哉。"此兽为白鼬，别名扫雪。分布于我国新疆和东北，栖于草原、荒原、沼泽或山林中，但不树栖而在岩隙、石堆或其他动物的洞穴内穴居。性残忍。食物以鼠类为主，亦能咬死比它还大的野兔和鸟类。

【译文】　霍山有一种奇兽，模样像狐狸，长有白色的尾巴，身披鬣毛，名叫朏朏，畜养它可以消除忧愁。

鹖

【经文】　辉诸之山，其鸟多鹖。

【注释】　鹖（hé）：犹褐，体羽浓褐色，似褐的颜色。《玉篇》云："鹖，鸟似雉而大，青色，有毛角，斗死而止。"《尔雅翼》记"鹖似黑雉，尤相党其同类，有被侵者，辄往赴救之，其斗大抵一死乃止。"曹操曾作《鹖鸡赋》："鹖鸡猛气，其斗终无负，期于必死，今人以鹖为冠，象此也。"楚人有名鹖冠子者（见《古本山海经图说》）。此鸟为鹖马鸡。它全长约1米，尾宽大而不太长，羽丝不垂，体大部分褐色，头颈黑色，脚珊瑚红色。雄鸟勇猛好斗，我国山西、河北有产。

【译文】　辉诸山的鸟群中有很多鹖鸟。

鸣蛇

【经文】 鲜山，多金、玉，无草木，鲜水出焉，而北流注于伊水。其中多鸣蛇，其状如蛇而四翼，其音如磬，见则其邑大旱。

【注释】 汉张衡《南都赋》："其水虫则有蝾龟鸣蛇。"《图赞》曰："鸣化二蛇，同类异状。拂翼俱游，腾波漂浪。见则并灾，或淫或亢。"显然，张衡、郭璞均认为此蛇为水蛇。然"其音如磬"，动静较大者只有两栖类动物，应为旱蛇。鸣蛇为龙蛇图腾，以鳄鱼为主型。《中国古代动物学史》中认为是眼镜蛇，愚意鳄鱼和眼镜蛇都是龙图腾的原型。

【译文】 鲜山，多产金矿玉矿，草木不生，鲜水从此流出，向北注入伊水。水中多产鸣蛇，它模样像蛇，却长两对翅膀，它的声音像钟磬般响亮。它出现兆示当地就会大旱。

化蛇

【经文】 阳山，多石，无草木，阳水出焉，而北流注于伊水。其中多化蛇，其状如人面而豺身，鸟翼而蛇行，其音如叱呼，见则其邑大水。

【注释】 《广雅》曰："中央有蛇焉，人面豺身，鸟翼蛇行，名曰化蛇。"郭璞《图赞》曰："鸣化二蛇，同类异状，拂翼俱游，腾波漂浪，见则并灾，或淫或亢。"愚意化蛇乃以水獭为主型的图腾。水獭为半水栖兽类，经常活动于大川或湖沼附近。昼伏夜出，善于奔驰、游泳及潜水，以食鱼为主，兼吃蛙、水鸟、野鼠等。

【译文】 阳山，满山石头，草木不生，阳水从这里流出，向北流入伊水。水中多产化蛇，它的模样为人的面孔，豺的身体，鸟的翅膀，蛇一样蜿蜒爬行。它发出的声音似在吼叫。它在哪里出现，哪里就会发大水。

蚩蚳

【经文】 昆吾之山有兽焉，其状如彘而有角，其音如号，名曰蚩蚳，食之不眯。

【注释】 蚩蚳（lóng chí）。《骈雅》曰："蚩蚳，角彘也。"愚意此为猪图腾，以公野猪为主型。它为家猪的祖先。体长约 1.2 米，高约 60 厘米，体面疏生刚毛，黑褐色。性凶暴。通常夜出掘食家作物，有时袭击家猪和野兔等，是农业害兽，我国南北各地均产。

【译文】 昆吾山有一种野兽，模样像猪却长有角，其声音似人嚎哭，它的名字叫蚩蚳。人吃了它不会做噩梦。

马腹

【经文】　蔓渠之山有兽焉，其名曰马腹，其状人面虎身，其音如婴儿，是食人。

【注释】　《骈雅》曰："虎而人面曰马腹。"汪绂注："此即俗所谓马虎也，《水经注·沔水》中称之为水虎。"愚意此兽为虎鼬。分布于我国东北和北部，向南分布至四川西北部，常侵占旱獭及其他动物的洞穴，昼伏夜出。行动敏捷，能攀登树上，以鼠类及旱獭为食，传说会偷食无人照顾的小儿，吮吸血液和脑髓。

【译文】　蔓渠山有一种野兽，它的名字叫马腹，它的模样为人的面孔、老虎的身体，发出的声音似婴儿啼哭，会吃人。

人面鸟身神

【经文】 凡济山之首，自辉诸之山至于蔓渠之山，凡九山，一千六百七十里，其神皆人面而鸟身。

【注释】 汪绂注曰："大抵南山神多像鸟，西山神像羊牛，北山神像蛇豕，东山神多像龙，中山神则或杂取，以各以其类也。"也就是说中山的神像是取各方之形象揉和在一起的。人面鸟身神与本地族群信仰有关。愚意人面鸟身神乃部族首领。

【译文】 总计济山之首者，从辉诸山到蔓渠山，共有九座山，计一千六百七十里，其山神的模样都是人的面孔，鸟的身体。

熏池

【经文】　敖岸之山，其阳多㻬①琈之玉，其阴多赭②、黄金。神熏池居之，是常出美玉。北望河林，其状如蒨③如举。

【注释】　①㻬（tú）；②赭（zhě）；③蒨（qiàn）。熏池是敖岸山的山神。汪绂注："熏池之神未言其状。河林，敖之北麓，滨河者也。蒨，苍葱之貌。举，谓其林气之飞举也。"愚意熏池乃敖岸山部族首领。

【译文】　敖岸山的南面多产㻬琈玉，山的北面多产赭石和黄金。山神熏池居住在这里，因此这里常出产美玉。北边可看见临河的树林，苍翠挺拔，云雾飘腾。

夫诸

【经文】　敖岸之山有兽焉，其状如白鹿而四角，名曰夫诸，见则其邑大水。

【注释】　《骈雅》曰："鹿四角而白，为夫诸。"《麟书》云："夫诸横流，天戒罔忧。"夫诸之兽疑为水麛。

【译文】　敖岸山有一种野兽，样子像白鹿却长有四只角，它的名字叫夫诸。出现它的地方就会发大水。

驾鸟

【经文】 青要之山，实惟帝之密都，北望河曲。是多驾鸟。

【注释】 驾鸟，郭璞注："未详也，或曰驾宜为驾，驾鹅也。"驾鸟为野鹅。又
称大雁，天鹅类，属国家二级保护动物，主食嫩叶、细根、种子，间
或啄食农田谷物。每年春分飞回北方繁殖，秋分后飞往南方越冬。我
国古代有很多诗句赞美它们，如"孟春三月鸿雁北，孟秋之月鸿雁
来"。(《吕氏春秋》)"万里人南去，三春雁北飞"。(韦应物《南中咏
雁》)

【译文】 青要山，这里实在是天帝曲折深远的都邑，向北可望见河曲，
常常看驾鸟在飞翔。

仆累

【经文】   青要之山，实惟帝之密都。南望堕渚，是多仆累。

【注释】   仆累即蜗牛。晋崔豹《古今注·虫鱼》："蜗牛，陵螺也。形如蛞蝓，壳如小螺，热则自悬于叶下。"属腹足纲，大蜗牛科，壳呈低圆，锥形，头部有两对触角，第二对顶端有眼无壳。

【译文】   青要山，这里实在是天帝曲折深远的都邑，向南可望见堕渚，山下多有仆累爬行。

蒲卢

【经文】　青要之山，实惟帝之密都。南望墠渚，是多蒲卢。

【注释】　墠（shàn）。《汉语动物命名考释》注："蒲：犹簟、铺、镈、圆形物。蚌蛤圆团形。"《正义》："郭璞曰，蒲卢即细腰螺也。"郝懿行认为，仆累，蒲卢，同类之物，并生于水泽下湿之地。显然，蒲卢即田螺。

【译文】　青要之山，这里实在是天帝曲折深远的都邑，向南可望见墠渚，山下多有蒲卢。

魃武罗

【经文】 青要之山，实惟帝之密都。魃①武罗司之，其状人面而豹文，小
要而白齿，而穿耳以镰②，其鸣如鸣玉。是山也，宜女子。

【注释】 ①魃（shén）；②镰（qú）。汪绂注："镰，金环也。"袁珂注："魃武罗
者，盖《楚辞·九歌·山鬼》所写山鬼或女神也。"魃武罗指的是女性
山神武罗。生前为青要山部族首领，死后被尊为山神。

【译文】 青要山，这里实在是天帝曲折深远的都邑。魃武罗山神主管，她
的模样为人的面孔，豹的斑纹，细小的腰身，洁白的牙齿，耳
朵上挂有金环。其鸣叫的声音似玉佩撞击的响声。这座山啊，
最与女子相适宜。

鹕

【经文】 青要之山，䱤^①水出焉，而北流注于河。其中有鸟焉，名曰鹕^②，其状如凫，青身而朱目赤尾，食之宜子。

【注释】 ①䱤（zhěn）；②《汉语动物命名考释》注：鹕，犹丝（yōu），幼、小义。《尔雅注疏·释鸟》曰："鸱头鹕，似凫，脚近尾，略不能行，江东谓之鱼鹕。"《尔雅注》曰："鹕鸟，类鸭而有文彩，不能行，多涵野鸭群中浮游。"愚意此鸟为斑头黑颈䴙䴘。黑颈䴙䴘，是一种小水鸭，长约 30 厘米。属䴙形目，尖嘴，上体黑色，体侧与尾部的绒毛橙红色，繁殖期雄鸟有黄色的耳簇。眼红色，迁徙时见于中国多数地区。

【译文】 青要山，䱤水从这里流出，向北流入黄河。水中产有一种鸟，名字叫鹕，它的模样像野鸭，青色的身体，朱红色的眼睛，红色的尾巴。人吃了它能够多子多孙。

飞鱼

【经文】 骢山，正回之水出焉，而北流注于河。其中多飞鱼，其状如豚而赤文，服之不畏雷，可以御兵。

【注释】 《图赞》曰："飞鱼无羽。"指的是淡水鱼,鲤鱼,体侧扁,体侧带金黄色,侧线下的鳍淡红色,为重要经济鱼类。

【译文】 骢山，正回水从这里流出，向北流入于河，水中多产飞鱼，其模样像猪，而长有红色的斑纹，吃了它不怕打雷，还可以防御兵灾。

泰逢

【经文】 和山，其上无草木而多瑶碧，实惟河之九都。是山也，五曲、九水出焉，合而北流注于河。其中多苍玉，吉神泰逢司之，其状如人而虎尾，是好居于萯山之阳，出入有光。泰逢神动天地气也。

【注释】 萯(bèi)。吉神，《图赞》："神号泰逢，好游山阳。"泰逢是和山部族首领。《吕氏春秋·音初篇》《汲冢琐语》尊其为首阳之神。

【译文】 和山，山上草木不生，却多产瑶和碧这样的美玉。这里就是黄河水汇集入海之处。这座山啊，是五曲和九水发源之地，它们汇合后向北流入黄河。多产苍玉。吉神泰逢主管这里，他的模样像人却长着老虎的尾巴，他喜欢居住在黄山的南面，进出闪耀着光芒，泰逢山神能够震动天地之气。

麜

【经文】　扶猪之山有兽焉，其状如貉①而人目，其名曰麜②。

【注释】　①貉(hé)；②麜(yín)。郭璞《图赞》曰："有兽八目，厥号曰麜。"此兽
　　　　　为麂鹿。是丛林最小的鹿，大如野兔，雄兽犬齿露出唇外。夏季身上
　　　　　有白色斑点。我国西双版纳有产，数量稀少。

【译文】　扶猪山有一种野兽，它的面貌像貉却长着人的眼睛，它的名字
　　　　　叫麜。

犀渠

【经文】　厘山有兽焉，其状如牛，苍身，其音如婴儿，是食人，其名曰犀渠。

【注释】　《汉语动物命名考释》说："犀、兕：犹、矢、黄，尖长之物。犀角锐尖。"郝懿行按："犀渠盖犀牛之属也。"《国语·吴语》云："建肥胡，奉文犀之渠。"南朝徐陵《梁贞阳侯重与王太尉书》："霜戈雪戟，元非武库之兵；龙甲犀渠，皆是云台之仗。"韦昭注："肥胡，幡也文犀之渠，谓楯也。"文犀，犀之有文理者，古人多用犀牛皮制作盾牌。《中国古代动物学史》注犀渠为犀图腾。犀牛也称角觿，体粗状，略似牛。长可超过3米，吻上有一角或两角，中国上古黄河以南均产犀。

【译文】　厘山有一种野兽，模样像牛，青色的身体，其叫声像婴儿啼哭，能吃人，它的名字叫犀渠。

獬

【经文】 厘山，滽滽①之水出焉，而南流注于伊水。有兽焉，名曰獬②，其状如獳③犬而有鳞，其毛如彘鬣。

【注释】 ①滽（yōng）；②獬（xié）；③獳（nòu）。汪绂注："獳，犬之多毛者，此兽其体有鳞，而毛鳞间如彘鬣也。"郭璞《图赞》曰："獬若青狗，有鬣被鲜。"此兽为江獭。别名印度水獭、咸水獭、滑獭，外貌似普通水獭而较大，体重可达15千克，鼻垫上缘被毛为波浪状，四肢趾爪的大小亦介于普通水獭和小爪水獭之间，现知我国仅分布于云南、贵州和广东珠江口地区。

【译文】 厘山，滽滽水从这里流出，向南流入伊水。有一种野兽，名叫獬，样子像獳狗，却有鳞，身上的毛像野猪的鬣。

兽身人面神

【经文】　凡厘山之首，自鹿蹄之山至于玄扈之山，凡九山，千六百七十里，其神状皆人面兽身。

【注释】　祭祀山神的方法为："毛用一白鸡，祈而不糈，以采衣之。"郭璞云："以彩饰鸡。"兽身，是披着野兽的皮毛。人面，为所戴的人形面具。愚意此为山区部族首领形象。

【译文】　厘山的最头部分，从鹿蹄山起到玄扈山止，共九座山，长达一千六百七十里。这里山神的模样都是人的面孔、野兽的身体。

𪃑

【经文】　首山，其阴有谷，曰机谷，多𪃑鸟，其状如枭而三目、有耳，其音如录，食之已垫。

【注释】　𪃑（dài）：《字汇》引经云："𪃑鸟状如凫，𪃑音地，从犬从鸟。又曰𪃑似鸟，三目有耳，音如豕，食之亡热，𪃑音地，从鸟从大。彼此互有异同，未识所据也。"《图赞》曰："三眼有耳，剧状如枭。"此鸟为鸟图腾，主型为长耳鸮。在我国繁殖于北部，冬迁南方。白天隐伏，黄昏飞出活动，捕吃小形鸟兽和昆虫等。

【译文】　首山的北面有道深谷，名叫机谷。谷里多产𪃑鸟，样子像枭鸟，却长有三只眼晴，还长有耳朵。其叫声像鹿鸣，吃了它的肉，可治湿气病（下湿病）。

麖

【经文】 尸山，多苍玉，其兽多麖。

【注释】 麖（jīng）。《汉语动物名称考释》注："麖，犹角、麛，鹿有发达角。"汪绂注："麖，麔类，似鹿而小，其色黑，长发。又大鹿亦曰麖。"《尔雅》云："麖，大鹿牛尾一角。"此兽为黑鹿（也称水鹿），体壮大，尾粗短，雄兽有角，性机警。我国极南部和四川等地有产。

【译文】 尸山，多产苍玉，多产大鹿。

256

骄 虫

【经文】 平逢之山有神焉，其状如人而二首，名曰骄虫。是为螫虫，实惟蜂蜜之庐。

【注释】 螫（shì）。神怪骄虫，是螫虫之神，为民间传说中的蜂虫首领，实为养蜂人之首领。汪绂注："言此神为螫人之虫之主，而此山为蠚（即蜂）蜜所聚之舍也。蜜亦蠚也，今以蠚所酿者为蜜。"可见在上古我国就有酿蜜技术。骄虫乃是酿蜜首领扮装蜜蜂之状，在收获之日祭祀庆祝。

【译文】 平逢山，有一神，样子像人的面孔，长着两个脑袋，名字叫骄虫。它是所有螫虫的首领，这里实在是蜜蜂栖息的好场所啊。

鸰鹎

【经文】 厜^①山，其阴多琈珹之玉。其西有谷焉，名曰瓘^②谷，其木多柳楮。其中有鸟焉，状如山鸡而长尾，赤如丹火而青喙，名曰鸰鹎^③，其鸣自呼。服之不眯。

【注释】 ①厜（guī）；②瓘（guàn）；③鸰鹎（líng yāo）。《图赞》曰："鸟似山鸡，名曰鸰鹎。赤若丹火，所以辟妖。"此鸟疑为血雉。俗称血鸡，红脚鸡。中等雉科鸟类，体长43厘米，喜在冷杉林、混交林及杜鹃丛间活动。性喜结群，以植物种子、嫩芽、嫩叶及果实为主食，兼吃昆虫，软体动物，在云南属留鸟，分布于滇西北的高山地区。

【译文】 厜山，山的北面多产琈珹玉。山的西面有一道谷，名叫瓘谷。谷里所产的树木多为柳树和楮树。谷中产有一种鸟，样子像山鸡却长有长长的尾巴，全身红得像丹火却长着青色的嘴喙。它的名字叫鸰鹎。其鸣叫的声音如同呼唤自己名字。吃了它，人就不会做噩梦。

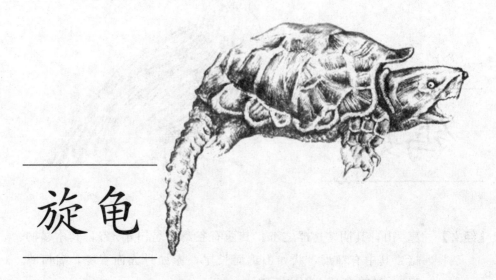

旋龟

【经文】　密山，其阳多玉，其阴多铁。豪水出焉，而南流注于洛。其中
　　　　　多旋龟，其状鸟首而鳖尾，其音如判木。

【注释】　《图赞》曰："声如破木，号曰旋龟"。《中国古代动物学学史》注此龟
　　　　　为大头龟。我国广东、广西、福州、黄山有产，生活在山溪中，常爬
　　　　　登岩石上。

【译文】　密山的南面多产玉石，北面多产铁矿。豪水从这里流出，向南
　　　　　流入洛水。水中多产旋龟，形状为鸟的脑袋，长着鳖的尾巴，
　　　　　鸣叫的声音如劈木头之声。

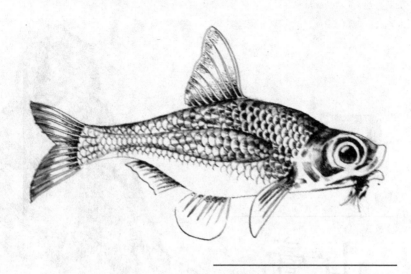

脩辟鱼

【经文】 橐山，橐水出焉，而北流注于河，其中多脩辟之鱼，状如黾而白喙，其音如鸱，食之已白癣。

【注释】 脩（xiū）。《图赞》曰："脩辟似黾，䴕鸣如鸱。"此鱼为长臂华鳊。体较高，侧扁。个体不大，常见体长 60～120 毫米。分布于长江上游。

【译文】 橐山，橐水从这里流出，向北流入黄河。水中多产脩辟鱼，模样像青蛙，长着白色的嘴巴，它鸣叫的声音似猫头鹰。吃了它，可以治疗白癣。

山膏

【经文】 苦山有兽焉，名曰山膏，其状如逐，赤若丹火，善詈。

【注释】 逐（tún）。《五侯鲭》曰："山膏生苦山，善骂。"袁珂注山膏即山都。《中国古代动物学史》注此兽为野猪。愚意袁珂先生所注颇有道理，山都即豚尾狒狒。体长在 90 厘米以上，是狒狒类最大的一种。头特别大，群居，杂食鸟卵、昆虫、蜥蜴、蠕虫等。

【译文】 苦山有一种野兽，名叫山膏，样子像豚兽，毛红似火，喜欢咒骂。

天愚

【经文】　堵山，神天愚居之，是多怪风雨。

【注释】　天愚是堵山的山神，其职能是管理怪风怪雨。生前为堵山氏族首领。

【译文】　堵山，山神天愚居住在于此，这里常常刮怪风下怪雨。

文文

【经文】 放皋之山有兽焉，其状如蜂，枝尾而反舌，善呼，其名曰文文。

【注释】 汪绂注："枝尾，尾两岐也。反舌，舌善翻弄如百舌鸟也。"《骈雅》曰："蛊雕如雕而戴角，文文如蜂而反舌。"此兽疑为基因变异的长脚龙蜥的一种——丽纹攀蜥。体长约10～20厘米，经常出没于山区灌木丛杂草间或岩石上，以及蜘蛛椿象等昆虫为食。分布于长江干流及支流河谷。

【译文】 放皋山有一种野兽，模样像蜜蜂，分叉的尾巴，倒长着舌头，喜欢呼叫，它的名字叫文文。

三足龟

【经文】 大苦之山，其阳狂水出焉，西南流注于伊水。其中多三足龟，食者无大疾，可以已肿。

【注释】 苦（kǔ）。三足龟又名贲龟。《尔雅·释鱼》："龟三足，贲。"汪绂注："人言三足之龟，食之杀人，故此特言食此龟者，无大疾也。"此龟为龟图腾。"三"在巫数中为"大"意，三足为大脚，以卦龟为主型。卦龟也称中华花龟，现产于福建、广东及海南岛。

【译文】 大苦山的南面，狂水从山的南面流出，向西南流入伊水。水中多产三足龟，人吃了它不会生大病，还可治疗痈肿。

鲹鱼

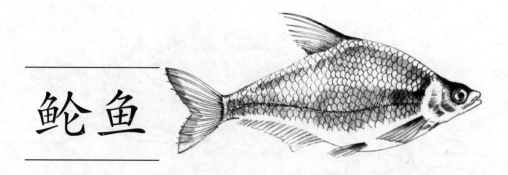

【经文】 半石之山，来需之水出于其阳，而西流注于伊水。其中多鲹鱼，黑文，其状如鲋，食者不肿。

【注释】 鲹（lún）。鲹鱼即鳊鱼。属鲤科，体甚侧扁，中部较高，略呈菱形，长达三十余厘米，重可达四斤，银灰色。腹面全部具肉棱。头较小，上下颌前缘具角质突起。背鳍具硬刺，臀鳍延长。中下层栖息，草食性，分布于我国南北江河中。

【译文】 半石山，来需水从山的南面流出，向西流入伊水，水中多产鲹鱼，黑色的斑纹，样子像鲫鱼，吃了可以消肿。

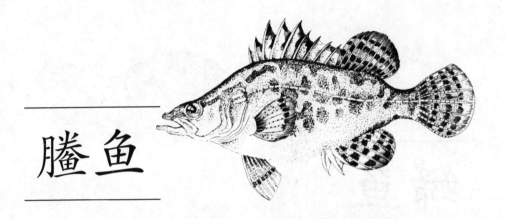

鳡鱼

【经文】　半石之山，合水出于其阴，而北流注于洛。多鳡①鱼，状如鳜②，居逯，苍文赤尾。食者不痈，可以为瘘。

【注释】　①鳡(téng)；②鳜(guì)。《玉篇》云："鳡鱼似鮖，苍文赤尾。"《图赞》曰："鳡鱼青斑，处于逯穴。"愚意鳡鱼为鳜鱼。又名桂花鱼，全国广泛分布。生活在山区的种类，体形细长，不如产于河湖中肥大，以鱼、虾等为食。

【译文】　半石山，合水发源于山的北面，向北流入洛水，水中多产鳡鱼，模样像鳜鱼，居住在水中穴道交通、洞穴通达处，身上有苍色的斑纹，红色的尾巴。人吃了它的肉可以不得痛肿，还可以治瘘病。

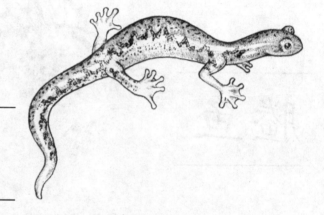

鳀鱼

【经文】　少室之山，休水出焉，而北流注于洛。其中多鳀①鱼，状如盩②蜼而长距，足白而对，食者无蛊疾，可以御兵。

【注释】　①鳀（tí）；②盩（zhòu）；《尔雅》云："鳀似猕猴。"汪绂注："盩当蟗，音戾，青黑色。蜼，蛙也，此鱼如青绿色之蛙而长距也。"鳀鱼即鲵鱼，也称娃娃鱼。栖息于山谷水中，以鱼、虾、蛙等为食，因叫声似小孩啼，故亦称"娃娃鱼"。我国大部分地区有产。

【译文】　少室山，休水从这里流出，向北流入洛水。水中多产鳀鱼，模样像盩蜼（一种似猴样的动物），却长有长长的足爪，脚足呈白色，足趾相对。人们吃了它精神振作，还可以抵御兵灾。

豕身人面十六神

【经文】　凡苦山之首，自休与之山至于大騩之山，凡十有九山，千一百八十四里。其十六神者，皆豕身而人面。

【注释】　十六神是苦山山脉自休与山至大騩山的山神。上古时期，山民入山打猎或征战，都要举行仪式进行祭祀，祈求山神保佑。端公扮状山神，豕身疑为用猪皮裹缚身上。

【译文】　以苦山为首，从休与山到大騩山，共十九座山，方圆一千一百八十四里。其中有十六位山神，都是猪的身体、人的面孔。

人面三首神

【经文】 苦山、少室、太室皆冢也……其神状皆人面而三首，其余属皆豕身人面也。

【注释】 苦山、少室、太室山的山神为人面三首（又名苦山石室神）。祭祀时由端公扮装。三首，疑为三面人形面具，可将敌方首领首级钉木枷两端，以示战功。

【译文】 苦山、少室山、太室山，这三座山都是众山的宗主，这几座山山神的模样都是人的面孔，长有三个脑袋。其余的山神都是猪的身体，人的面孔。

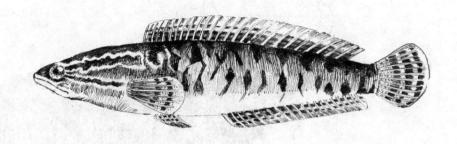

文鱼

【经文】 荆山之首，曰景山，雎水出焉，东南流注于江，多文鱼。

【注释】 汪绂注："文鱼即石斑鱼。"《楚辞·九歌·河伯》云："乘白鼋兮逐文鱼。"当即此。愚意文鱼即鳢鱼（也称才鱼），为淡水及咸淡水内的底栖性鱼类，主要以虾、小鱼等为食。

【译文】 荆山山脉的第一座山叫景山，雎水从这里流出，向东南流入长江，水中多产文鱼。

犛牛

【经文】　荆山，其阴多铁，其阳多赤金，其中多犛牛。

【注释】　犛（lí）。《庄子·逍遥游》云："今夫犛牛，其大若垂天之云。"郭璞注："旄牛属也，黑色，出西南徼外也，音狸，一音来。"《中国古代动物学史》注犛牛为牦牛。牦牛产于新疆南部、四川西部、青海和西藏高原，体披褐色长毛，性喜寒冷，也能耐饥，食物仅以粗草为主，被誉为"高原之车"。

【译文】　荆山的北面多产铁矿，南面多产赤金，山中多产犛牛。

豹

【经文】　荆山，多豹。

【注释】　《尔雅翼》：“豹似虎而圈文。”愚意此兽为金钱豹。分布于我国大部分
　　　　　地区，栖于茂密的丛林中，性猛力强，能定跳，亦善于攀木，并能游
　　　　　泳。性夜行，常在林中独自徘徊，捕食鹿、兔、羊、猴和鸟类。

【译文】　荆山，有很多豹子。

鲛鱼

【经文】 荆山，漳水出焉，而东南注于睢。其中多黄金，多鲛鱼。

【注释】 《本草纲目》云："鲛皮有沙，其文交错鹊驳，故有鲛鱼、沙鱼、鳍鱼、鳆鱼、溜鱼诸名，古曰鲛，今曰沙，其实一也。或曰本名鲛，讹为沙。"郭璞注："鲛，皮有珠文而坚，尾长三四尺，末有毒，螫人，皮可饰刀剑，口错治材角，今临海郡亦有之。"鲛鱼今称沙鱼，又称马鲛鱼。鲭科（鲛科）。体延长侧扁，长达一米余。体银灰色，为上中层中型海产经济鱼类，常结群作远程洄游，性凶猛，常捕食小鱼。

【译文】 荆山，漳水发源于此，向东南流入睢水。水中多产黄金（沙金），多产鲛鱼。

鼍围

【经文】　骄山，其上多玉，其下多青雘①。神鼍②围处之，其状如人，羊角虎爪，恒游于雎③、漳之渊，出入有光。

【注释】　①雘（huò）；②鼍（tuó）；③雎（jū）。卢柟《蟪蛄集》云："槛环狗而践鼍围，即此也。"《图赞》曰："涉鼍三脚，鼍围虎爪。"鼍围为骄山的山神，生前为骄山部族首领。

【译文】　骄山山上多产玉石，山下多产青雘，山神鼍围居住在这里。他的模样像人，长着羊的角，虎的爪子，常喜欢在雎水和漳水的深渊里游走，出入各处都有光芒。

麂

【经文】 女几之山，其上多玉，其下多黄金，其兽多豹虎，多闾麋、麏、多麂。

【注释】 《汉语动物命名考释》注："麂：犹几、箴、虮，小义，麂子是小鹿。" 郭璞注："麂似獐而大。"李时珍《本草纲目》云："麂居大山中，似獐 而小。牡者有短角，黧色，豹脚，脚矮而力劲，善跳跃。其行草莽， 但循一径。皮极细腻，靴袜珍之。或云亦好食蛇。"此兽为麂。鹿科， 小型鹿类。肩高40～60厘米，仅雄的有角，产于我国的有黄麂、黑麂 和赤麂等。

【译文】 女几山，山上多产玉石，山下多产黄金，这里的野兽中有很 多麂。

鸩

【经文】　女几之山，其鸟多白鷮，多翟，多鸩。

【注释】　鸩（zhèn）。《尔雅翼》云："鸩，毒鸟也，似鹰而大如鸮，紫黑色，长颈赤喙，雄名运日，雌名阴谐，天晏静无云，则运日先鸣，天将阴雨，则阴谐鸣之。"此鸟为鹰或雕等，食蝮蛇，蛇毒容易沾在鹰雕的羽毛上，羽毛浸在酒中能致人死亡，称之为鸩毒。鸩即蛇鹰（大冠鹫），属大型猛禽，雄鸟体长约0.7米，头顶及所具羽冠尖端均黑色，平时栖息山林，偶到林缘开阔地带，巢于高树，嗜食蛇类，故名。有时也兼吃其他爬行类、鸟类，甚至昆虫。分布于我国福建至东南各地。

【译文】　女几山上的鸟中有很多鸩。

麈

【经文】　纶山，其兽多麈。

【注释】　麈（zhǔ）。《汉语动物命名考释》注："麈，犹主、注、帚……麈尾长达 70 厘米左右，有聚生的长毛束，古人用它做礼仪上的拂子。"《埤雅·释兽》："麈，似鹿而大，其尾辟土。"《尔雅翼》注："麈，大鹿也。"徐珂《清稗类钞·动物类》说麈是驼鹿，按驼鹿尾短小，不可能做拂子。只有麋鹿独特的大尾能满足做拂子的需要。《说文·鹿部》："麈，麋属。"民间所指宽泛，"麈"也不可能限于一种，愚意上古也有长尾的驼鹿。

【译文】　纶山上的野兽中有很多麈。

【经文】 纶山，其兽多㺟。

【注释】 㺟（chuò）。《诗·小雅·巧言》曰："跃跃㺟兔，遇犬获之。"《毛传》："㺟兔，狡兔也。"孔颖达疏："《仓颉解诂》：'㺟，大兔也'。"《中国古代动物学史》注㺟为鼠兔。愚意此鼠为藏鼠兔。分布于四川、西藏，东达湖北西部，北达陕西，南抵云南省北部，栖于山岳的灌丛或草原上，不冬眠，冬时在雪下挖地面跑道活动，昼夜均出洞觅食，主要吃禾本科植物的绿色部分。

【译文】 纶山上的野兽中有很多㺟。

计蒙

【经文】　光山，其上多碧，其下多水，神计蒙处之。其状人身而龙首，
恒游于漳渊，出入必有飘风暴雨。

【注释】　计蒙：上古时称为风雨之神。汪绂注："今陆安、光州之间奉有金龙
神，疑似此。"

【译文】　光山多产碧玉，山下多水，山神计蒙居住在这里。其模样为人
的身体、龙的脑袋，常在漳水深渊处游走，他进出之处，必然
会伴有狂风暴雨。

涉蠱

【经文】 岐①山，其阳多赤金，其阴多白珉②，其上多金玉，其下多青䨼，其木多樗③。神涉蠱处之，其状人身而方面三足。

【注释】 ①岐（qí）；②珉（mín）；③樗（chū）。郭璞《图赞》曰："涉蠱三脚，蠱围虎爪。"涉蠱为岐山山神。愚意三只脚中的一脚为木雕生殖器。古代盛行生殖崇拜。

【译文】 岐山，山的南面多产赤金，山的北面多产白珉玉，山上多产金矿和玉石，山下多产青䨼，所产树木多为樗树。山神涉蠱居住在这里，其模样为人的身体而且长着四方脸，三只脚。

鸟身人面神

【经文】 自景山至琴鼓之山，凡二十三山……其神状皆鸟身而人面。

【注释】 自景山至琴鼓山的山神，也称中山神，这与山民以鸟为崇拜对象有关。在祭祀时用一只完整的雄鸡涂绘后埋入地下，并呈上藻圭玉器，祭祀用的米是稻米。

【译文】 从景山到琴鼓山，共二十三座山……山神的模样都是鸟的身体却长着人的面孔。

鼍

【经文】　岷山，江水出焉，东北流注于海，其中多良龟，多产鼍。

【注释】　鼍（tuó）。一作鳣，俗称猪龙婆。郭璞云："似蜥蜴，大者长二丈，有鳞彩，皮可以冒鼓。"汪绂注："鼍四足，能横飞，不能直腾；能作雾，不能为雨。善崩岸，健啖鱼，善睡，夜鸣应更漏，皮可冒鼓。"鼍名中华鳄，也称扬子鳄。长约 2 米余，背面的角质鳞有六横列。背部暗褐色，具有黄斑和横条；腹面灰色，有黄灰色小斑和横条。穴居池沼底部，以鱼、蛙、小鸟及鼠类为食，冬日蛰居穴中。为我国特产动物，分布于安徽、江苏、浙江、江西各地。

【译文】　岷山，江水发源于此向东北流入大海，水中多产良龟，多产鼍。

夔

【经文】 岷山，其兽多犀象，多夔牛。

【注释】 夔（kuí）。《汉语动物命名考释》注："夔，犹骙马壮勇。野牛壮大威武。"郭璞注："今蜀山中有大牛，重数千斤，名曰夔牛……即《尔雅》所谓犤。"《初学记》："犤牛，如牛而大，肉数千斤，出蜀中。"夔牛又作牛夔。愚意夔牛就是野牛。它体长2米余，雄兽肩高可达2米。头大，耳大，脊背发达而突出，四肢粗短，尾长，末端有束长毛。毛短而厚。全身深暗棕色，鼻、唇灰白色；四肢内侧金棕色，下部白色，故又称"白袜子"。栖于阔叶林、竹阔混交林和稀树草原，群栖，现产于我国云南西双版纳和高黎贡山地区，为稀有珍贵动物。

【译文】 岷山所产野兽多为犀象和夔牛。

怪蛇

【经文】　崌①山，江水出焉，东流注于大江，其中多怪蛇②。

【注释】　①崌（jū）；②怪蛇又称钩蛇、马绊蛇。郭璞云："今永昌郡有钩蛇，长数丈，尾岐，在水中钩取岸上人、牛、马啖之，又呼马绊蛇。"愚意此蛇为水蟒的一种。水蟒是我国蛇类中最大的一种，无毒，长达6米。肛门两侧各有一个小型爪状距，为退化后的残肢，故此称钩蛇。生活在森林及河流中，能绞死、吞食体型较大的哺乳动物。

【译文】　崌山，江水流经这里向东流入大江，水中多产怪蛇。

窃脂

【经文】 崌山，有鸟焉，状如鸮而赤身白首，其名曰窃脂，可以御火。

【注释】 郭璞注："今呼小青雀曲嘴肉食者为窃脂，疑非此也。"吴任臣按："窃脂有三种，九扈中窃玄、窃黄、窃脂。窃，训浅，言浅白色也。"《小雅》："交交桑扈，乃今青雀，好窃脂肉者，若此之赤身白首，自与二种迥别，不得以名之偶同，混为一也。"愚意窃脂今为铜蜡嘴雀。它体长 20 厘米。喙黄色，厚而大，呈圆锥状，多活动于高树，主食种子，分布遍及全国。

【译文】 崌山有一种鸟，模样像鸮，红色的身体，白色的脑袋。它的名字叫窃脂，可以御火避灾。

狚狼

【经文】　蛇山有兽焉，其状如狐，而白尾长耳，名狚狼，见则国内有兵。

【注释】　狚（shì）。《汉语动物命名考释》注："狚，犹施、鉇、池、虵（蛇），延长或延长物。赤狐体尾延长。所谓长，相对而言。如似狸而长的动物叫獌（漫长），泥鳅叫委蛇（曲折而长）一样。"《骈雅》曰："狚狼，獥獥，狐属也。"《图赞》曰："狚狼之出。兵不外击。雍和作恐，狼乃流疫。同恶殊灾，气各有适。"《中国古代动物学史》注："狚狼为狼的亚种之一。"

【译文】　蛇山，有一种野兽，模样像狐狸，却长着白色的尾巴、长长的耳朵，它的名叫狚狼，它出现的地方，便会有兵乱。

286

蜼

【经文】 鬲山有兽，多猨、蜼。

【注释】 蜼(wèi)。《尔雅·释兽》云："蜼，卬鼻而长尾。"《尔雅翼》曰："古者有蜼彝，画蜼于彝，谓之宗彝。"郭璞注："蜼似猕猴，鼻露上向，尾四五尺，头有岐，苍黄色。雨则自悬树，以尾塞鼻孔或以两指塞之。"由此可见蜼乃金丝猴或称仰鼻猴，为川黔滇亚种。虽名为"金丝猴"，实际并无金黄色的毛。身体较川金丝猴稍大，栖息于海拔3300～4100米左右高山的森林中，主食针叶树的嫩叶及越冬的花苞。现分布于澜沧江与金沙江之间云岭山脉两侧的高山深谷地带。

【译文】 鬲山所产野兽中，有很多猨、蜼。

熊山神

【经文】　熊山有穴焉，熊之穴，恒出神人。夏启而冬闭。是穴也，冬启乃必有兵。

【注释】　熊山神是熊山的山神，疑为楚国祖先之地，古人多穴居。郭璞注："今邺西北有鼓山。"

【译文】　熊山有一个很大的洞穴，是熊的洞穴，常有神人出现在这里。夏天开启，冬天关闭。这个洞啊，冬天开启必会发生战争。

马身龙首神

【经文】 凡岷山之首，自女几山至贾超之山，凡十六山，三千五百里，其神状皆马身而龙首。

【注释】 马身龙首神是女几山到贾超山之间十六山的山神，也称中山神。生前为部族首领。马身，裹服马皮，刺马纹身。龙首，头戴龙形面具。

【译文】 由岷山开始计算，从女几山到贾超山，共十六座山，计三千五百里，其山神的模样都是马的身体，长着龙的脑袋。

跂踵

【经文】　复州之山有鸟焉，其状如鸮，而一足彘尾，名曰跂踵。见则其国大疫。

【注释】　《骈雅》云："絜钩、跂踵，兆疫鸟也。"《图赞》曰："跂踵之鸟，一足似夔。不为乐兴，反以来悲。"跂踵，疑为鬼鸮。全长约30厘米。栖息于草原、沼泽地、苔原附近的针叶林和针阔混交林内。以小型鼠和昆虫为主食，也捕食小鸟、蛙等。营巢于天然树洞或利用啄木鸟的旧巢。

【译文】　复州山有一种鸟，模样像鸮鸟，却长着一只脚，猪的尾巴，名字叫跂踵，出现它的国家就会发生大瘟疫。

鸜鹆

【经文】 又原之山，其鸟多鸜鹆。

【注释】 汪绂注："鸜鹆，八哥也。色黑而翅有白色，头有毛帻，大如百舌。好群飞。人家畜之，剪治其舌，能效人言。"李时珍曰："此鸟好浴水，其睛瞿瞿然，故名。天寒欲雪，则群飞如告，故曰寒皋，皋者，告也。"此鸟为鸲鹆鸟，俗称为八哥。体长约28厘米。体羽黑色而有光泽，喙和足黄色。鼻羽呈冠状，翼羽有白斑，飞时显露，呈八字形，故称"八哥"。杂食果实、种子和昆虫等，留居中国南部各省平原和山林间。

【译文】 又原山的鸟中有很多鸜鹆。

龙身人面神

【经文】　凡首阳山之前，自首山至于丙山，凡九山，二百六十七里，其神状皆龙身而人面。其祠之，毛用一雄鸡瘗①，糈②用五种之糈。堵山，冢也，其祠之，少牢具羞酒祠，婴毛一璧瘗。骁山，帝也，其祠羞酒，太牢具，合巫祝二人儛，婴一璧。

【注释】　①瘗（yì）；②糈（xǔ）。龙身人面神，是首阳山至丙山之间的九山山神。按上古"生为君，死为神"的说法，此神为部族首领。

【译文】　从首阳山脉的第一座山，首山到丙山，共九座山，方圆二百六十七里，其山神模样都是龙的身体，人的面孔，祭祀他们，毛物用一只雄鸡埋入地下，精米用黍、稷、稻、粱、麦等五种精粮。堵山是众山宗主，祭祀它，用猪羊少牢礼，并献出清酒，将祭祀用的璧呈献后埋入地里。骁山，众山的首领，祭祀它呈献上清酒，作太牢礼，让巫师和祝师二人在神前跳舞，祀神的玉用一块璧。

雍和

【经文】 丰山有兽焉，其状如猿，赤目、赤喙、黄身，名曰雍和。见则国有大恐。

【注释】 雍和和蜼同为金丝猴，但雍和为川陕亚种金丝猴。常年栖息于海拔1500～3300米的森林中，食杂性，以植物性食物为主，分布于四川、甘肃、陕西和湖北。

【译文】 丰山有一种野兽，其模样像猿猴，红色的眼睛，红色的嘴，黄色的身体，名字叫雍和。它若出现，国家就会发生大恐慌。

耕父

【经文】　丰山，神耕父处之，常游清泠之渊，出入有光，见则其国为败。

【注释】　泠(líng)。丰山山神耕父是旱鬼。郝懿行按："刘昭注《后汉书·郡国志》引《南都赋》注云：'耕父，旱鬼也。'"郭璞注："清泠水在西鄂县山上，神来时水赤有光耀，今有屋祠之"。愚意耕父为上古部族首领。

【译文】　丰山，山神耕父居住在这里，常到清泠之渊去游玩，进出水面闪闪发光。它出现国家就会衰败。

鸺

【经文】 瑶碧之山有鸟焉，其状如雉，恒食蜚，名曰鸺。

【注释】 郭璞注："蜚，负盘，臭虫……此更一种鸟，非食蛇之鸺也。"此鸟为
夜鹰。也称"蚊母鸟"，栖于山林中，分布于我国东部和中部，黄昏时
出动，捕食飞虫。为食虫鸟。

【译文】 瑶碧山有一种鸟，模样像雉，常常吃蚊子，名字叫鸺。

婴勺

【经文】　支离之山有鸟焉，其名曰婴勺，其状如鹊，赤目，赤喙，白身，其尾若勺。其鸣自呼。

【注释】　《事物绀珠》云："婴勺如鹊，目喙赤，身白，尾若勺。"郝懿行注："鹊尾似勺，故后世作鹊尾勺。"愚意婴勺为勺鸡。属鸟纲，雉科。体长约55厘米，常成对活动于高山岩坡间，主食松子。我国勺鸡有数个亚种。本亚种分布于我国西南部、山西、河北北部。

【译文】　支离山有一种奇鸟，名字叫婴勺。它的模样像喜鹊，红色的眼睛，红色的喙，白色的羽毛，尾巴像酒勺。其鸣叫声如同呼唤自己的名字。

青耕

【经文】 董理之山有鸟焉，其状如鹊，青身白喙，白目白尾，名曰青耕。
可以御疫，其鸣自叫。

【注释】 董（jǐn）。《事物绀珠》曰："青耕如鹊，青身，喙首尾皆白。"《骈雅》
曰："青耕肥遗，御厉鸟也。"《读书考定》云："寓辟兵，青耕辟疫。"
青耕为灰喜鹊，也称青翅鹊。广泛分布于我国东北和北部，嗜吃害虫，
有益。巢营于中等高度树上。

【译文】 董理山有一种鸟，其模样像喜鹊，青色的羽毛，白色的喙，白
色的眼睛，白色的尾巴，名字叫青耕。它可以抵御瘟疫。它鸣
叫的声音如同呼唤自己的名字。

獜

【经文】　依轱①之山有兽焉，其状如犬，虎爪有甲，其名曰獜②，善駚③牟④，食者不风。

【注释】　①轱（gū）；②獜（lìn）；③駚（yǎng）；④牟（fèn）。駚牟，郭璞注："跳跃自扑也；鞅奋二音。"郝懿行按："磔狗止风。"据《尔雅·释天》注及郑司农《大宗伯》注，此物盖狗类也。《中国古代动物学史》认为獜为犬品种之一。愚意为穿山甲。它属地栖性哺乳动物，体型狭长，全身披有鳞甲，四肢粗短，尾扁而长，背部略隆起，成体长50～100厘米，尾长10～30厘米，栖息于山麓、丘陵或灌丛杂树林、小石混杂泥地等潮湿的地方。

【译文】　依轱山有一种怪兽，模样像狗，身披鳞甲，长着虎的爪子，它的名字叫獜，善于跳跃自扑，吃了它不患风疾。

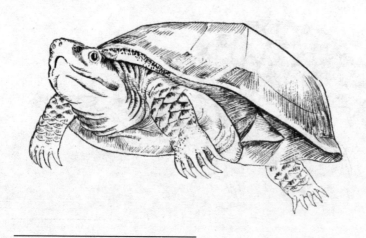

三足鳖

【经文】 从山，从水出于其上，潜于其下，其中多三足鳖，枝尾。食之无蛊疫。

【注释】 《汉语动物命名考释》说："鳖犹蔽，头和四肢都可隐蔽进壳中（其腹甲短于背甲，后肢和尾侧不可以缩进壳箱中，只隐蔽在背甲下）。"《尔雅·释鱼》："鳖三足。"汪绂注："三足鳖，一名能，相传为鲧所化。"可见三足鳖为鳖图腾。背甲胖椭圆形，体扁，甲外有皮，褐绿色。生活在淡水中，我国除西北高寒地区外都有分布。

【译文】 从山，从水发源于山上，潜流于山下，水中多产三足鳖，长有分叉的尾巴。人们吃了它，不会患疑心病。

猴

【经文】　乐马之山有兽焉，其状如彙①，赤如丹火，其名曰狼②，见则其国大疫。

【注释】　①彙（wèi）；②狼（lì）。吴任臣按："《十六国春秋》曰，南燕太上四年，燕主超祀南郊，有兽类鼠而色赤，集于圜丘之侧，疑即此兽。"郭璞《图赞》曰："狓狼之出，兵不外击；雍和作恐，狼仍流疫。同恶殊灾，气各有适。"狼为鼩鼱属鼩鼱（qu jīng）科，体小，粟褐，吻部尖细，能伸缩，齿尖锐，眼细小，视觉较差，但听觉和嗅觉灵敏，夜间活动，捕食虫类和吃植物种子。生活于草原、平原、沼泽地带、山区。为有益动物。

【译文】　乐马山有一种野兽，模样像猬鼠，全身红赤，有如丹火，它的名字叫狼，出现它的国家就会发生大灾疫。

頡

【经文】 葴①山，视水出焉，东南流注于汝水，其中多人鱼、多蛟、多頡②。

【注释】 ①葴（zhēn）；②頡（jiá）。郭璞注："頡如青狗。"《文选·江赋》注引"獭"作"獭"。袁珂认为，頡"当亦此兽"，疑即今之水獭。郭郛认为，此为江獭，也称小爪水獭，别名山獭，它是世界上最小的水獭。

【译文】 葴山，视水从这里流出，向东南流入汝水，水中多产人鱼、鳄鱼和頡。

狙如

【经文】 倚帝之山，其上多玉，其下多金，有兽焉，状如䶄鼠，白耳白
喙，名曰狙如，见则其国有大兵。

【注释】 䶄（fèi）。汪绂注："䶄鼠如鼠而大，又似兔，色紫绀，其皮可裘。"吴
任臣按："《事物绀珠》云：'狙如鼠耳白喙。'"此兽疑为伶鼬。体一般
小而长，四肢较短，耳小而圆，尾长不超过体长的一半。栖于山地森
林和草原，昼间和黄昏活动，以小型啮齿类和鸟类为食。

【译文】 倚帝山上多产玉石，山下多产黄金。有一种野兽，样子像䶄鼠，
白色的耳朵、白色的嘴，名字叫狙如。它出现的地方就会有大
的战争。

狪即

【经文】 鲜山有兽焉，其状如膜犬，赤喙、赤目，白尾。见则其邑有火。名曰狪即。

【注释】 狪（yí）。郝懿行注："膜犬即西膜之犬。今其犬高大狨毛，猛悍多力也。"如，似也，但不是膜犬。郭郭认为此兽为小熊猫。产于我国四川、青海南部、云南、西藏等地的高山丛林和竹林中。白天在巢中酣睡，早晚出外活动，善于爬树，食果实、竹笋及嫩叶，有时也吃些小鸟和卵。

【译文】 鲜山有一种野兽，模样像膜犬，红色的嘴巴和眼睛，白色的尾巴。它出现在哪里，哪里便会有火灾。它的名字叫狪即。

梁渠

【经文】 历（或作磨）石之山有兽焉，其状如狸，而白首虎爪，名曰梁渠。见则其国有大兵。

【注释】 《山海经图》："磨石山，有梁渠，如狸，白首、虎爪。见则其国有兵。"与经文中描写无二。此兽疑为花面狸。也称果子狸，产于我国华南各省，在北京附近的妙峰山发现过，栖于丛林中或隐伏于岸洞里，善于攀爬，多在夜间活动，杂食性，有时偷吃家禽。

【译文】 历石山有一种野兽，其模样像狐狸，却长着白色的脑袋、老虎的爪子，它的名字叫梁渠。出现它的国家会有大的战争。

𩾃𩿨

【经文】 丑阳之山有鸟焉，其状如乌而赤足，名曰𩾃𩿨。可以御火。

【注释】 𩾃𩿨（zhǐ tú）。胡文焕云："杻阳山，有鸟状如乌，其足赤色，名曰𩾃𩿨，可以御火。"有说注此鸟为地鸦，愚意此鸟为白尾地鸦，为我国新疆特有物种，体长29厘米，通体沙褐色，翅上泛桃红色，整体外形美观大方，因此当地百姓称其为"沙鹊"。

【译文】 丑阳山有一种鸟，它的模样像乌鸦，长着红色的爪，名字叫𩾃𩿨，可以抵御火灾。

闻獜

【经文】　凡山有兽焉，其状如彘，黄身，白头，白尾，名曰闻獜（或作
麟）。见则天下大风。

【注释】　獜（lín）。《骈雅》曰："闻獜，黄彘也。"《事物绀珠》云："闻獜如猪，
黄身，头尾白。又云，如彘，黄身，首尾白，亦斯兽也。"《谈荟》云：
"风兽兆风，闻獜之兽，见则天下大风也。"此兽为野猪的黄色亚种。

【译文】　凡山，有一种野兽，其模样像野猪，黄色的身体，白头白尾，
名叫闻獜。它出现在哪里，哪里就会刮大风。

彘身人首神

【经文】　凡荆山之首，自翼望之山至于凡山，凡四十八山，三千七百三
　　　　　十二里。其神状皆彘身人首。

【注释】　此神又名中山神，祭祀规格比祭禾山帝（太牢礼）、堵山和玉山冢（少
　　　　　牢礼）的低。愚意此神生前为众山之盟主。

【译文】　以荆山为首，从翼望山到凡山共四十八座山，方圆三千七百三
　　　　　十二里，其山神的模样都是野猪的身体，人的脑袋。

于儿

【经文】 夫夫之山，其上多黄金，其下多青雄黄。神于儿居之，其状人
身而身操两蛇，常游于江渊，出入有光。

【注释】 郝懿行按："《列子·汤问篇》说愚公事，云操蛇之神闻之，告之于帝。
操蛇之神盖即此。"汪绂注："于儿疑即俞儿。"而他书言其衣冠骑马，
与此不合。愚意于儿即夫夫山的山神，生前为夫夫山的部族首领。

【译文】 夫夫山，山上多产黄金，山下多产青雄黄，山神于儿居住在这
里，其模样为人的身体而且手操两蛇。常在江里游玩，出入时，
身上闪闪发光。

帝二女

【经文】 洞庭之山，其上多黄金，其下多银、铁。帝之二女居之，是常游于江渊。澧沅之风，交潇湘之渊，是在九江之间，出入必以飘风暴雨。

【注释】 帝二女即尧的两个女儿。娥皇、女英嫁给舜为妻，故又称虞二妃。二女死后为湘江的江神，屈原《九歌》称其为"湘君""湘夫人"，《列仙传》称"江妃二女"，是也。晋张华《博物志·史补》云："舜崩，二妃啼，以涕挥竹，竹尽斑。"今江南有"斑竹""湘妃竹"之说，盖出于此。

【译文】 洞庭山，山上多产黄金，山下多产白银、铁矿。尧帝的两个女儿居住在这里，常游玩于江渊。澧水和沅水刮来的风，交汇在潇湘的渊潭，是九江汇合之处，她们每逢出入必然伴随狂风暴雨。

洞庭怪神

【经文】 洞庭之山，帝二女居之，是常游于江渊。澧沅之风，交潇湘之渊，是在九江之间，出入必以飘风暴雨。是多怪神，状如人而戴蛇，左右手操蛇。

【注释】 此神为湘江水神，也是洞庭湖神。

【译文】 洞庭山，尧的两个女儿居住在这里，常游玩于江渊。澧水和沅水刮来的风，交汇在潇湘的渊潭，是九江汇合之处，她们每逢出入必然伴随狂风暴雨。这里有很多怪神出现，其模样像人，头上戴着蛇，左右手拿着一条蛇。

蛫

【经文】　即公之山有兽焉，其状如龟，而白身赤首，名曰蛫，是可以御火。

【注释】　《事物绀珠》云："蛫状如龟，白身赤首。"蛫疑为缺齿鼹，属食虫目，长约 20 厘米，似鼠而矮胖，眼小若无。掌外翻，善掘土，将掘出的土堆在地表，捕食昆虫等。

【译文】　即公山有一种野兽，样子像乌龟，长着白色的身体、红色的脑袋，名字叫蛫，可以防御火灾。

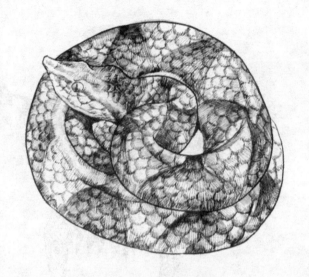

飞蛇

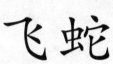

【经文】　柴桑之山，其上多银，其下多碧，其兽多白蛇、飞蛇。

【注释】　荀子云："螣蛇无足而飞。"《韩非子·十过篇》云："昔者黄帝合鬼神于西泰山之上，螣蛇伏地。"此蛇为蝮蛇。别名"草上飞"，长约60～70厘米，大者可达94厘米，生活于平原及较低山区，以鼠、鸟、蛙、蜥蜴等为食，分布于我国大部。

【译文】　柴桑山，山上多产矿银，山下多产碧玉，还多产白蛇和飞蛇（又称螣蛇）。

鸟身龙首神

【经文】　自篇遇之山至于荣余之山，凡十五山，其神皆鸟身而龙首。

【注释】　汪绂注："以在中山之南条，故其神之尸象，亦与南山神同，大抵南山
　　　　　神象鸟，西山神象羊牛，北山神象蛇豕，东山神多象龙，中山则或杂
　　　　　取，亦名以其类也。"愚意鸟身龙首神为篇遇山到荣余山等十五山的部
　　　　　族首领。

【译文】　从篇遇山到荣余山共十五座山，其山神模样都是鸟的身体，龙
　　　　　的脑袋。

山海经图译

海荒经

海外南经

山海经图译

结匈国

【经文】　结匈国在其①西南，其为人结胸②。

【注释】　①其：代指邻近族群灭蒙鸟族。②结胸：指古人用宽幅麻布或树皮作衣遮身，以麻绳贯胸布皮束衣。结匈国为《淮南子·地形训》海外三十六国之一。郭璞注："臆前胅出，如人结喉也。"按郭注，结匈可能是衣服以整幅布做成，在胸前打结，也可能指胸部肉骨突出或肌肉发达。徐显之注《后汉书·东夷传》："倭在东南大海中，其男皆横结束相连。"这就是说以布为衣，不加裁剪，而于胸前穿眼用绳连结起来的做法，后人不察，辗转误为贯胸国。

【译文】　结匈国在灭蒙鸟族的西南，其族民均以带捆结胸部。

羽民国

【经文】 羽民国在其东南，其为人长头，身生羽。一曰在比翼鸟东南，
其人为长颊。

【注释】 袁珂指出《淮南子·坠形篇》有羽民。《吕氏春秋·求人篇》云："禹
南至羽人之处。"王逸《楚辞章句》曰："或曰，人得道，身生羽毛
也。"《博物志》曰："羽民国，民有翼，飞不远，多鸾鸟，民食其卵，
去九疑四万三千里。"该氏族人身披鸟羽制成的衣服，位置约在南山经
地区之南或一岛上。

【译文】 羽民国在灭蒙鸟族的东南方，羽民国的人长着一颗窄长的头，
身上长满羽毛。另一种说法是羽民生在比翼鸟的东南方，族人
面颊尖长。

神人二八

【经文】　有神人二八，连臂，为帝司夜于此野。在羽民东，其为人小颊赤肩。尽十六人。

【注释】　神人二八：系司夜之巫祝，两组共十六人，每组八人。郭郭注此系某一图腾族，可能是虎图腾族中的一部分族民，二八共十六人。关于连臂，郭郭认为是集体跳舞手臂相连的形象。古代器物画像中有此排列。青海大通孙家寨墓地出土的彩陶，内彩是三组人形图案。每组五人，手拉手，面向同一方向，头侧各有一斜道，似为发辫，摆向划一，与"二八连臂"舞蹈相似。《楚辞·大招》曰："二八接舞，投诗赋只。"《楚辞·招魂》曰："二八侍宿，射递代些""二八齐容，起郑舞些"。很多书籍将其译为十六岁少女或两排八个人，多有不妥。译其为"八元""八恺"较为合适。

【译文】　有一群号称二八的神，他们双臂相互搭肩，为天帝在荒野守夜。他们居住在羽民国的东边，长着小脸颊，红肩膀，总共有十六人。

讙头国

【经文】　讙①头国在其南，其为人人面有翼，鸟喙，方②捕鱼。一曰在毕方东，或曰讙朱国。

【注释】　①讙（huān）。②方：小舟。讙头国，郭璞曰："讙兜，尧臣，有罪自投南海而死，帝怜之，使其子居南海而祠之，画亦仙人也。"讙头国为鲧之苗裔，见大荒南经。袁注《神异记南荒经》云："南方有人，人面鸟喙而有翼，手足扶翼而行，食海中鱼，有翼不足以飞。一名鹳兒。"《博物志·外国》亦云："讙兜国，其民尽似仙人，帝尧司颂讙兜，民常捕海岛中。"这是鱼人头戴尖顶帽，身穿短蓑衣。捕鱼的模样。

【译文】　讙头国，在毕方鸟的南部，这里的人带有人的面具，长鸟的翅膀，嘴巴像鸟嘴，在船上捕鱼为生。一种说法在毕方国的东部，也叫做讙朱国。

厌火国

【经文】　厌火国在其①国南，兽身黑色，生火出其口中，一曰谨朱东。

【注释】　①其：指谨头国。厌火国是远古一使用火种部族。郭璞注："言能吐火，画似猕而黑也。"毕、郝注《淮南子·地形训》云："裸民国与此异。"《博物志》作厌光国。袁注："厌音餍，义作餍，饱也，足也。"徐注厌火国是以特技来命名的民族，如张衡《西京赋》中所说吞刀吐火，云雾杳冥的绝技。据说此技艺由古传至今日，可想而知，上古部族已掌握此焰火娱乐人神的功用。

【译文】　厌火国在谨头国的南面，厌火国的人身子像猕猴，浑身长满黑毛，口中能吐出火来。也有一种说法在谨朱国的东面。

三苗国

【经文】　三苗国在赤水东①，其为人相随②。一曰三毛国。

【注释】　①赤水东：丹江东边；②随：为人相随，相互照应，成群结队。三苗国，也就是现在苗族的先祖。郭璞注："昔尧以天下让舜，三苗之君非之，帝杀之，有苗之民，叛入南海，为三苗国。"毕注《淮南子·地形训》有三苗民。《左传》云："自古诸侯不用王命者，虞有三苗也。"吴起云："三苗之国，左洞庭而右彭蠡，今江州、鄂州、岳州三苗之地也。"案《周书·史记篇》云："外内相间，下挢其民，民无所附，三苗以亡，是三苗乃国民。"这里所谈的国民就是族名。

【译文】　三苗国在赤水河的东面，国人外出时，总是扶老携幼，成群结队而行。另一种说法称之为"三毛国"。

载国

【经文】 载①国在其②东，其为人黄，能操弓射蛇。一曰载（戜）国在三
毛东。

【注释】 ①载（zhí）；②其：指三苗国。载国是上古时期捕蛇部族。载，徐显
之注音义与耋同，指健康长寿。郭郭注《正字通》时认为载同鸢，即
老鹰，载是鸟图腾民族，自大舜一帝俊部族分出，实为鸢国。又《太
平御览》引作"一曰盛国"，《集韵》有"载，盛也。"故愚意其族民头
戴朱鸢冠，手持弓箭射蛇，为帝舜的后代，盛姓先祖。

【译文】 载国在三苗国的东南，载国人的皮肤是黄色的，善于弯弓射蛇。
也有一种说法，载国（也称盛国）在三苗的东边。

贯匈国

【经文】 贯匈国在其①东，其为人匈有窍②。一曰在载（盛）国东。

【注释】 ①其：指载国；②窍：指凹洞。贯匈国也称穿胸民或贯匈民。战国《竹书纪年》亦载："五十九年，贯匈氏来宾。"同时期《逸周书·王会解》载："正西昆仑、狗国、鬼亲、枳己、阘耳、贯胸、雕题、离丘、漆齿，请令以丹青……神龟为献。"西汉《淮南子》载："自西南至东南方，有结胸民……交股民，不死民，穿胸民，反舌民。"西汉焦赣在《易林》言："穿胸狗邦，僵离旁脊"。南朝梁陆佑公（倕）的《石阙铭》："穿胸露顶之豪，箕坐椎髻之长，莫不授旗请斗，执锐争先。"元代周致中《异域志》载："穿胸国在盛海东，胸有窍。尊者去衣，令卑者以竹木贯胸抬之。"

【译文】 贯匈国在载国的东面，贯匈国的族民胸口上有类似圆筒的洞。也有一种说法，贯匈国在盛国的东边。

交胫国

【经文】 交胫①国在其东，其为人交胫。一曰穿匈②东。

【注释】 ①胫（jìng）；②穿匈：即穿胸国。穿、贯二字义相似。交胫国，郭璞注："言脚胫曲戾相交，所谓雕题、交趾者也。"《吕氏春秋·求人篇》云："禹南至交趾之国。"高诱注《淮南子·地形训》云："交胫民脚相交切。"郝案《广韵》引刘欣期《交州记》云："交趾之人出南定县（现越南南定省），足骨无节，身有毛，卧者更扶始得起。"《元和郡县图志》卷三十八《安南》："名曰交趾者，交以南诸夷。其足大趾，两足并立则交焉。汉交趾、唐交州、安南（今越南河内）。"徐显之认为交胫实际是两脚相交席地而坐，很有道理。

【译文】 交胫国在穿胸国的东边，这个国家的人坐着时两脚是左右交叉的（二郎腿），走路时也是交叉的（猫步）。一种说法在穿胸国的东边。

不死民

【经文】　不死民在其东，其为人黑色，寿，不死。一曰穿匈国东。

【注释】　寿：指长寿。不死民，毕注《淮南子》："有不死民。"《吕氏春秋·求人篇》云："禹南至不死之乡。"高诱注《淮南子》云："不死，不食也。"《御览》卷388《人事》："寿，不死。"引作寿，不死是也。徐注长寿之民。不死民为《淮南子》所记海外三十六国之一，其民曰不死民，不死民黑皮肤可长寿不死。有不死之山，名员丘山。

【译文】　不死民，在交胫国的东边，这个国家的人皮肤呈黑色，而且长生不老。一种说法，在穿匈国的东边。

岐舌国

【经文】　岐舌国在其东。一曰在不死民东。

【注释】　其：应指交胫国。岐舌国，郭璞注："其人舌皆岐，或云支舌也。"毕、郝注《淮南子·地形训》："有反舌民。"高诱注云："语不可知而自相晓。"这可能是族民的独特语言。《吕氏春秋·功名篇》云："一说南方有反舌民国，舌本在前，末倒向喉，故曰反舌。"或《太平御览》卷367亦引此经同。徐注疑其人以蛇为图腾。愚意此族民生下即口吃，说话似卷舌音，故名岐舌国。

【译文】　岐舌国在它的东边。另一种说法，在不死民的东部。

羿

【经文】 羿①与凿齿②战于寿华之野，羿射杀之。在昆仑虚③东。羿持弓矢。凿齿持盾，一曰（持）戈。

【注释】 ①羿（yì）：神话传说中的天神。②凿齿：上古夷族一支的首领。③昆仑虚：在广西邕宁县东北昆仑山下。羿，有穷氏首领。毕沅注《墨子》云："羿作弓。"《说文》云："羿（羿），帝喾射官。"《论语》曰："羿（羿），善射，又云羿亦古诸侯也。一曰射师。"郭郛认为，羿是善于射箭的氏族的首领。羿字与鸟羽有关，可能属于鸟图腾的氏族。

【译文】 羿与凿齿在南方的一个叫寿华的大泽厮杀，最后羿把凿齿杀死了。这个地方在昆仑虚的东边。这次战斗，羿手持弓箭，凿齿用盾，也有说凿齿持戈作战的。

凿齿国

【经文】 羿与凿齿战于寿华之野，羿射杀之。在昆仑虚东。羿持弓矢。凿齿持盾，一曰（持）戈。

【注释】 凿齿国，郭璞注："凿齿亦人也，齿如凿，长五六尺，因以名云。"《淮南子·地形训》有"凿齿民"即此。高诱注云："凿齿，兽名，齿长三尺，其状如凿，下彻颔下，而持戈盾。"其实非也，《大荒南经》云："有人曰凿齿，羿杀之。"徐显之注："凿齿之俗，古书多见。"《明史》："鸡笼山在澎湖屿东北，男子穿耳，女子十五断唇旁齿为饰。"鸡笼，即台湾基隆，此处特指凿齿民首领。

【译文】 羿与凿齿在南方的一个叫寿华的大泽厮杀，最后英勇善战的羿把凿齿杀死了。这个地方在昆仑虚的东边。这次战斗，羿手持弓箭，凿齿氏用盾，也有说凿齿持戈作战的。

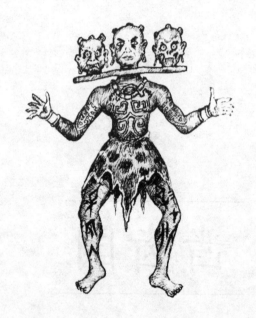

三首国

【经文】　三首国在其①东，其为人一身三首。

【注释】　①其，指广西邕宁县东北昆仑山。三首国，毕沅注《淮南子》有三头民。高诱注云："身有三头。"《吕氏春秋》云："禹西至三面之乡。"《海内西经》云："有三头人伺琅玕树，即斯类也。"按徐显之注，三首是这个部族实行三人联合执政在图腾上的体现。郭郛注其可能是扶南—真腊（柬埔寨前身）附近的三头图腾族。愚意三首国为猎头民族，该族人肩扣木枷，枷上挂有敌方族民的头颅，以显战功。

【译文】　三首国在昆仑山的东面，这个国家的人样子很奇特，一个身子上长着三颗脑袋。

周饶国

【经文】　周饶国在其东，其为人短小，冠^①带。一曰焦侥^②国，在三首东。

【注释】　①冠（guàn）；②侥（yáo）。周饶国，郭璞注："其人长三尺，穴居，能为机巧，有五谷也。"毕沅注："周饶即焦侥，音相近。"《国语》曰："焦侥国人长三尺，短之至也。"韦昭云："焦侥，西南蛮之别名也。"《列子·汤问篇》云："从中州以东上十万里得焦侥国。人长一尺五寸。"《淮南子·地形训》云："西南方曰焦侥。"《史记·正义》引《括地志》云："小人国在大秦南，人才三尺，其耕稼之时，惧鹤所食，大秦卫助之，即焦侥国，其人穴居也。"郝注："周饶国即焦侥国之声转，又转音，为朱儒。"

【译文】　周饶国在它的东边。周饶国人身材特别短小，但穿衣戴帽同普通人一样，非常讲究。还有人说周饶国（即焦侥国）在三首国的东面。

长臂国

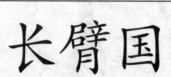

【经文】　长臂国在其东，捕鱼水中，两手各操一鱼。一曰在焦侥东。

【注释】　操，作捕意，或叉鱼之动作。长臂国，郭璞注曰："其人手下垂至地。魏玄菟太守王颀讨高句丽王宫，穷追之，过沃沮国，其东界临大海，近日之所出，问其耆老，海东复有人否？云：'尝在海中得一布褐，身如中人，衣两袖，长三丈，即此长臂衣人也。'"袖长三丈疑为鱼网，鱼民抛鱼网疑为撒袖。马昌仪《古本山海经图说》曰："长臂善捕鱼。"徐显之认为是以长竿鱼具捕鱼，因而塑出长臂图腾形象。郭郭注此是鱼民用长杆捕鱼，撒网捕鱼如长袖衣物，远望如人长臂，在中南半岛海滨。

【译文】　长臂国在它的东面，长臂国的人以捕鱼为生，他们捕鱼的本领特别高，常常可以两只手同时各抓一条鱼。也有人说长臂国在焦侥国的东边。

南方祝融

【经文】　南方祝融，兽身^①人面^②，乘两龙^③。

【注释】　①兽身：古人冬穿兽皮夏穿麻，指其浑身披满兽皮。②人面：指人戴面具，为部族首领专有。③龙：指火龙，在马车旁燃火。古人云："马八尺为龙"，应指马车。

　　祝融，郭璞注："火神也。"《尚书大传》云："南方之极，自北户南，至炎风之野，帝炎帝，神祝融司之。"《淮南子·时则训》云："南方之极，自北户孙之外，贯颛顼之国，南至委火炎风之野，赤帝，祝融之所司者，万二千里。"郝案："《越绝书》云：'祝融治南方，仆程佐之，使主火'"。

【译文】　南方有个神，名叫祝融，长着野兽的身体和人的面孔，时常乘着两火龙马车行进。

海外西经

夏后启

【经文】　大运山高三百仞，在灭蒙鸟北。大乐之野，夏后启于此儛《九代》。乘二龙，云盖三层。左手操翳，右手操环，佩玉璜。在大运山北。一曰大遗之野。

【注释】　儛（wū）。郭郭注："夏是大禹所立之国，启继承其位。禹、启均是养羊氏族，原来以羊为图腾，在中原地区成为众氏族的共主后，又以龙为图腾。"郭璞对《九代》的注释为马的名字，郝认为是乐名。

【译文】　大运山高三百仞，在灭蒙鸟之北，那里有大乐之野，夏后启在那里按《九代》乐曲翩翩起舞。夏后启乘着两条龙，飞腾于云雾之中。他左手拿着羽毛做的华盖，右手持一玉环，腰间佩着半圆形玉器。这大乐之野，在大运山之北。也有人说那里叫大遗之野。

三身国

【经文】　三身国在夏后启北，一首而三身。

【注释】　三身：即三个身体，疑一人于胸前后穿两件人形藤甲。毕注《淮南
　　　　　子·地形训》有三身民。郝注："三身国，姚姓，舜之苗裔。"相传舜
　　　　　生于姚墟，其后裔以地为氏，成为姚氏。南宋郑樵《通志·氏族略》
　　　　　记载："姚姓，虞之姓也。"而三身国的地理位置，应在今西南地区四
　　　　　川、贵州一带。

【译文】　三身国在夏后启所在地方的北面，三身国的人长着一个脑袋三
　　　　　个身子。

一臂国

【经文】　一臂国在其①北，一臂、一目、一鼻孔，有黄马虎文，一目而一手②。

【注释】　①其：指三身国。②手：指马前蹄。《淮南子·地形训》："有一臂民"。又称比肩民，或半体人。郭郛注："此氏族穿衣习俗，较为特别，常一臂裸露在外，如同现代藏族一样便于劳作。"《尔雅·释地·比肩民》："北方有比肩民焉，迭食而迭望，一目一鼻孔，一臂一脚。"可能是巫觋的侧面远看得出的结论。《吕氏春秋·求人》只叙述"一臂民"而无"一目""一鼻孔"，从此处看出汉代刘秀等人添加的痕迹。

【译文】　在三身国的北部，有个地方叫一臂国。一臂国的人只有一只胳臂，一只眼睛，那里还有一种黄色的马，身上有老虎皮一样的花纹，这种黄马也是一只眼睛一条腿。

奇肱国

【经文】 奇肱之国在其北，其人一臂三目，有阴有阳，乘文马。有鸟焉，两头，赤黄色，在其旁。

【注释】 文马：即骆驼。奇肱国，《淮南子·地形训》作奇股。高诱注云："奇，只也。股，脚也。"文马为斑马，出北方，为当时名马。《博物志·外国》说："奇肱民，善为栻杠，以杀百禽。能为飞车，从风远行。汤时西风至，吹其车至豫州。汤破其车，不以视民。"为机巧作飞车，应该是为风帆推车，借助风力推车而已，古人善用鸟羽制作风帆车进行运输。经文的"有鸟焉"，疑是晋人所添加，两头疑为双峰骆驼之形象，常立卧于主人旁。为西域古氏族人形象。

【译文】 奇肱国在一臂国的北部，那里的人长着一只胳膊，三只眼，眼睛有阴有阳，常常骑着斑纹马。那里还生长一种鸟，长着两个头，羽毛是红黄色的，常栖息在他的身边。

形天

【经文】　形天①与帝②（至此）争神，帝断其首，葬之常羊之山。乃以乳为
目，以脐为口，操干戚③以舞。

【注释】　①形天：形指割，杀之意，天指人头。②帝：指黄帝。③干戚：干，
斧头。戚，盾牌。形天，旧本作刑天。初本无名天神，断首之后，始
名为"形天"或作"夭天"。义为形体夭残，亦通。惟作形天，郭郛
注："形天、刑夭，刑夭、声形相近。"袁珂注刑天乃黄帝之臣，在和
黄帝进行权利争斗中失败，被黄帝斩首。

【译文】　形天与黄帝为了争夺神（君）位，发生了一场厮杀，最后黄帝
砍断了形天的头，把他埋葬在常羊山麓。形天用乳头为眼睛，
以肚脐为口，手操盾牌大斧，继续挥舞着斧头和盾牌，要与黄
帝决一雌雄。

女祭女戚

【经文】　女祭①、女戚②（薇）在其北，居两水间。戚（薇）操（鱼鮨）③ [鱓]，祭操俎④。

【注释】　①祭（jì）或（zhāi）。女祭，为上古女巫。祭象手持肉并有血滴，献于神主之前，以表祭祀，本义是祭祀。《说文》："祭，祭祀也"，以示以手持肉 ⚡。祭作为一部族，在今陕西关东南，见《段墟甲骨文字典》。②戚（qī），甲骨文 ⚐ 独体象物字，本义是兵器斧子。女戚也是上古戚姓部落女巫，主持砍肉事宜。③鮨也称鱼鮨，郭璞注："鮨，鱼属。"郝注："鮨即鳝鱼之异文。"王念孙注："宋本藏经本当为鱼鮨。"《说文》："鮨，小，音觯（zhì）也。"也就是说小鳝鱼。④俎（zǔ），俎为肉案。郭璞注："俎为肉几"。

【译文】　女祭、女戚在形天与黄帝发生争战的北边，居住在两条大河之间。女祭手持鳝鱼，女戚手持肉案。

鸶鸓

【经文】 鸶鸟^①、鸓^②鸟其色青黄，所经国亡，在女祭北。鸶鸟人面，居山上，一曰维鸟。青鸟、黄鸟所集。

【注释】 ①鸶（cì）。郭璞注："次瞻两音。"毕注，"鸶鸓二字，《玉篇》云："鸟青黄色，即鸺鹠，非也。"《广韵》曰："鸶鸟似枭。"郭郭注鸶鸟青黄，即领鸺鹠。②鸓（dǎn）。黄鸟。愚意此二种鸟被中原巫觋诬为祸鸟。对鸟图腾部族（应该指苗族）的诬蔑，以此恐吓族民。中原民族在不同时期，以延维、淳维作为对苗人的称呼。

【译文】 鸶鸟，鸓鸟，它们的颜色是青色或黄色的，它经过哪里，哪里便有亡国之祸。鸶鸟有着一副人的面孔，生活在山岭之上。另一种名称为维鸟，青色的鸟和黄色的鸟经常聚集在一起。

丈夫国

【经文】　丈夫国^①在维鸟北，其为人衣冠带剑^②。

【注释】　①丈夫国为上古主管日影时辰的部族。《周书》曰："男八尺为丈夫。"
丈夫国为裴姓先祖。裴姓先祖以人为表高划分臬表，愚意以为丈夫国
的男子高大，在氏族联盟举行异地征战时以高大的男子作日影或月影
的丈量报辰工作。义为此人高代臬表高，故称代表。表（人）高八尺
或十尺即为丈夫。观测太阳表木东西两侧升降，为六等分，用此制成
六合历。②带剑应为丈量日影的器具。

【译文】　丈夫国在维鸟聚集的北方，丈夫国的人都衣冠整齐，配带宝剑。

女丑之尸

【经文】 女丑之尸，生而十日炙杀之。在丈夫北，以右手鄣其面。十日居上，女丑居山之上。

【注释】 女丑：《说文》："丑，纽也，十二月万物动，用事，象手之形，时加丑亦举手也。"愚意以为此女以举手障面，故被称"丑"。上古社会部族以人牲祭天为常态，人牲多以活埋、解剖、溺水、干尸、陈尸等多种手段祭天多将人牲放悬崖山顶晒干，以用干尸祭天，这就是殷商活人祭天的曝干法，是求雨仪式。殷多以羌人为人牲祭祀，所以女丑作为人牲暴晒祭天可信。低级巫祝在求雨祭祀中失败，就必须承担责任，成为求雨祭日的牺牲品。

【译文】 在丈夫国的北面，有具女丑的尸体，是被天上十个太阳一起照射而死。她死后右手遮在脸上，十个太阳炙热照射着，女丑躺在山上。

巫咸国

【经文】 巫咸国在女丑北，右手操青蛇，左手操赤蛇，在登葆山，群巫所从上下也。

【注释】 巫咸国，咸从口从戊，戊为戉，戉即钺，象斧形，象音字，从甲骨文字意上看，巫咸主司杀伐。毕注巫咸山在今山西夏县。《水经·涑水注》以巫咸山即巫咸国。王逸注《楚辞·离骚》亦云："巫咸，古神巫也。"巫咸族群从神农至黄帝时到殷商一直是存在的，商殷时巫咸是游牧民族，流动性大，山西安邑巫咸山，河南青腰山，湖北巫山、巫峡，均留下他们的足迹。秦国把巫咸作为神来祭祀。疑为秦人先祖。

【译文】 巫咸国在女丑的北边，巫咸国的人右手扣着青蛇，左手操着一条红蛇，那里有座登葆山，巫咸国的人可以在登葆山自由上下。

并封

【经文】　并封在巫咸东，其状如彘，前后皆有首，黑。

【注释】　并封，《周书·王会篇》云："鳖封者，若彘，前后有首。是鳖封即并封。并，鳖声转也。大荒西经又作屏逢，皆一物。"袁注："闻一多《伏羲考》谓并封，屏封，本字当作逢，并与逢俱有合意，乃兽相合之意。"《山海经注证》云："并封是两头猪的形状，是族民将猪内脏取出，把两头猪用骨针缝合在一起，既可受到族民的祭祀，又可恐吓异族。"

【译文】　并封鳖在巫咸国的东边，长得和猪差不多，但身子前后各有一个猪头，浑身呈黑色。

女子国

【经文】 女子国在巫咸北，两女子居，水周之。一曰居一门中。

【注释】 女子国女子民在《淮南子·地形训》中有记载。高诱注其貌无有须，皆如女子也。郝云："此说非也。"《三国志·魏志·东夷传》云："沃沮耆老言：有一国亦在海中，纯女无男。"《后汉书·东夷传》云："或传其国有神井，窥之辄生子，即此类也。"马注："《唐书》卷221新疆疏勒南。"女儿国为母系社会，如今天的摩梭人氏族群体，女族外婚制、走婚制都是古代通用制度，中国神话小说《西游记》《镜花缘》均以此为原本。

【译文】 女子国在巫咸国之北面，有两女子（族）住在一起，四面有水面环绕着。也有人说他们住在一个门中。

轩辕国

【经文】　轩辕之国在（此）穷山之际，其不寿者八百岁。在女子国北。人面蛇身，尾交于首上。

【注释】　轩辕：我国古代传说中黄帝的名字。轩辕国是黄帝所居住的地方。《水经注·渭水》云："安南姚瞻以为黄帝生于天水，在上邽城东七十里轩辕谷。"《地理志》云："上邽，在陇西郡也。"《史记·五帝本纪》云："黄帝者少典之子，姓公孙，名轩辕"。轩为车篷辕，是压在双轮轴上的直木。由此看来，黄帝部落是具有造车成就的。黄帝部族以龙龟为图腾。

【译文】　轩辕国靠近一个叫穷山的地方，人最短寿的可活到八百岁。位于女子国北面，轩辕国那里的人都是人头蛇身，尾巴能够绕到头上。

龙鱼

【经文】 龙鱼陵居在其北，状如狸（鲤）。一曰鰕，即有神圣乘以行九
野。一曰鳖鱼在夭（沃）野北，其为鱼也如鲤。

【注释】 鰕（xiā）。《淮南子·地形训》作硴鱼。高诱注云："硴鱼如鲤鱼也，
在无继民南。"案《汉成阳灵台碑》云："比目鲀鱼，又作鲀。郝注龙
鱼，郭（璞）氏作龙鲤。张衡《思玄赋》仍作龙鱼，硴音作蚌。袁注：
"龙鱼疑即海内北所记陵鱼，盖神话传说人鱼之类……正是人鱼形鲵。"
愚意以为龙鱼应为大鲵，即娃娃鱼，其形状符合龙形。

【译文】 龙鱼陵居位于沃野的北面，可居水中，样子像狸，也叫鰕，神
圣的人能够乘上它到处飞行。还有叫它鳖鱼的，与鲤鱼相似。

乘黄

【经文】　有乘黄，其状如狐，其背上有角，乘之寿二千岁。

【注释】　乘黄，又称飞黄、訾黄。《周书》曰："白民乘黄，似狐，背上有两角，即飞黄也。"《淮南子》曰："天下有道，飞黄伏皂。"《周书·王会篇》曰："乘黄似骐。"《汉书·礼乐志》云："訾黄何不徕下。"《抱朴子》云："腾黄之马，吉光之兽，皆寿三千岁。"郭郛注乘黄即双峰驼，产于中国蒙古高原及中亚、西亚，中国西北民族家化动物之一，为耐干旱动物，又称沙漠之舟。

【译文】　白民国有一种神兽叫乘黄，样子像狐狸，但它背上生长有角，乘上它能够长寿到两千岁。

肃慎国

【经文】　肃慎之国①在白民国北，有树名曰雄常②，先入伐（代）帝，于此
取之。

【注释】　①肃慎国：是东北最古老民族之一。②雄常：枸树，草树皮可作衣物。
《竹书纪年·五帝纪》说："肃慎者，虞夏以来东北大国也。"虞就是
"唐尧虞舜"中的舜帝，夏就是公元前2000年建立的夏朝。《山海经·
大荒北经》曰："大荒之中，有山曰不咸，有肃慎之国。"也就是今天
的长白山。肃慎又称息慎，稷慎，肃睿。以鸟为图腾，原型为鹑鸠，
也就是猎鹰海东青。

【译文】　肃慎国位于白民国之北，那里生长一种树，名叫雄常，中国有
圣帝代立时，都到这里取其树皮为衣服。

长股国

【经文】　长股①之国在雄常北，被②发，一曰长脚。

【注释】　①股：指大腿；②被（bì）。长股国，《淮南子·地形训》有修股民。《竹书》云："黄帝五十九年，长股氏来宾。"《大荒西经》："西北海之外……有长股之国。"即长股国。长股民，长脚民，是以木续足，木高1—2米，可在沼泽地、烂泥地、水边行走，便于劳动、捞捕鱼类等劳作。

【译文】　长股国位于雄常树之北，那里的人披头散发，也有人叫他长脚国。

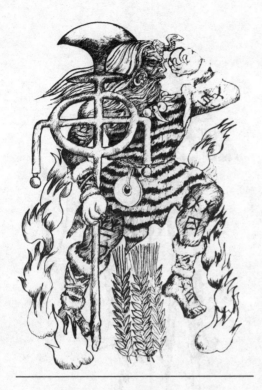

西方蓐收

【经文】　西方蓐收，左耳有蛇，乘两龙。

【注释】　蓐（rú）。蓐收为神话传说中的金神，样子为人的面孔，虎的爪子，白头发，手执钺斧。有一种说法是少昊的儿子。《吕氏春秋·孟春》云："其神蓐收。"高诱注云："少昊氏裔子曰该，皆有金德。"另一种说法是少昊的四个叔叔，曰该、曰重、曰修、曰熙，实能金木及水。重为勾芒，该为蓐收，修及熙为玄冥。世不失职，遂济穷桑。

【译文】　西方有位天神，名叫蓐收，左耳挂有小蛇耳坠，乘两火龙。

海外北经

无臂国

【经文】　无臂之国在长股东，为人无启。

【注释】　臂（qǐ）：无启即无嗣。郭璞注："臂，肥肠也，其空穴居，食土。无男女，死即埋之，百廿岁乃复更生。"食土当食观音土，吃了胀气。《博物志·异人》说："无臂民与郭（璞）同，唯百廿岁，同类也。"袁注："肥肠当是腓肠，今俗呼小腿肚者。"愚意以为，无臂国穴居者，窑洞也，可能是西北黄土高原居民祖先。

【译文】　无臂国位于长股国的东边，那里的人没有后代。

钟山之神烛阴

【经文】 钟山之神，名曰烛阴，视为昼、瞑为夜，吹为冬，呼为夏。不饮，不食，不息，息为风。身长千里，在无臂之东。其为物，人面，蛇身，赤色，居钟山下。

【注释】 烛阴，郭璞注："烛龙也，是烛九阴，因名云。"毕注："烛龙，烛阴亦音相近。"《楚辞·天问》云："日安不到，烛龙何燿。"

【译文】 钟山的山神名叫烛阴，他睁开眼睛便是白天，闭上眼睛就成黑夜，一吹气便是寒冬，一呼气就是盛夏。不喝，不吃，不呼吸，一呼吸就成风。他的身子有一千里长，住居在无臂国的东边。他的形状是人的脸，蛇的身体，全身呈红色，居住在钟山脚下。

一目国

【经文】　一目国在其东，一目中其面而居。一曰有手足。

【注释】　一目国为《淮南子》所述三十六国之一。高诱注："一目在面中央。"郝注："一目国其人威姓，见《大荒西经》。"《海内北经》云："鬼国在贰负之尸北，为物人面而一目，鬼威音近，亦当此国。"马注："实为新疆北居民。"郭郭注此为北方居民装束，冬季寒冷，头罩面套，正中开一口，如一目。威姓，乃少昊之子，应当是鸟图腾一支。

【译文】　一目国在钟山烛阴居住地的东面，这里的人一只眼睛长在脸的中央。一种说法其族民长着一只手和一只脚。

柔利国

【经文】　柔利国在一目东，为人一手一足，反䣛，曲足居上。一云留利
之国，人足反折。

【注释】　䣛（xī）。柔利国，《大荒北经》曰："有牛犁国，人无骨。"即此。《博
物志》作子利国。郝注："牛犁、柔利声相近。"马注："为新疆东居
民。"反䣛为西域马裤之形，曲足居上为翘头靴的形状。

【译文】　柔利国位于一目国的东边，这里的人只有一只手和一只脚，膝
盖反长，脚弯曲朝上。还有人说，柔利国的人足是反折的。

共工之臣相柳

【经文】 共工之臣曰相柳氏，九首，以食于九山。相柳之所抵，厥为泽溪。禹杀相柳，其血腥，不可以树五谷种。禹阙之，三仞，三沮。乃以众帝之台，在昆仑之北，柔利之东。相柳者，九首，人面，蛇身而青，不敢北射，畏共工之台，台在其东。台四方，隅有一蛇，虎色，首冲南方。

【注释】 相柳，相柳别称相繇，又作泖（mǎo），是共工氏的一支族首领。在和大禹作战中，战败被杀。九为巫数极大之意，九首为极大的头的意思。《广雅》云："北方有民焉，九首蛇身。"共工氏属于龙蛇族，相柳族也是大氏族，在大山之中繁衍生息。晋郭璞曰："共工之臣，号曰相柳，禀此其表，蛇身九首，恃力祭暴，终禽夏后。"

【译文】 共工的臣子叫相柳氏，长有九个脑袋，同时吃九座山上的食物。凡是相柳到过的地方，都成了沼泽和溪谷。禹杀相柳，他的血流出来遍地腥臭，不能载种五谷。禹曾经挖掘填塞这块地方，三次填埋三次都坍陷下去。后业禹干脆把泥土挖掘出来为当时各地修造了几座高台，在昆仑山的北边，柔利国的东边。相柳这个怪物长着人的脸，蛇的身子，全是青色，射箭的人不敢向北方射，原来是害怕共工祭台的威灵，祭台在相柳国的东边。台是四方形，每一角有一蛇，蛇的颜色像老虎的颜色，蛇头冲着南方。

深目国

【经文】　深目国在其东，为人举一手。一曰在共工台东。

【注释】　《海外北经》："深目国。"毕注记《淮南子·地形训》有深目民，在句婴民之次。《周书·王会篇》云："目深国。"郝、袁注："大荒北经云：'有人方食鱼。名曰深目之国，昐姓，食鱼'。"郭郭认为深目国为西域胡人部落，举一手抚胸，为胡人礼节。深目国疑为古楼兰国先祖，欧罗巴人，高鼻深目，生活地域在今新疆若羌县境，罗布泊西。

【译文】　深目国，在共工国的东边，这里的人举一只手行礼。一种说法在共工祭台东面。

无肠国

【经文】　无肠之国，在深目国东，其为人长而无肠。

【注释】　无肠国又称无腹国。《淮南子·地形训》曰："有无肠民在深目之次。"
郝注大荒北经云："有无肠之国，是任姓无继子，食鱼。"由此可见无肠
国是鱼猎部族。无肠通假无裳，或喻意无肠为心情豁达之人。远古任姓
衍传，人之所以保全，在于母系妊娠，因生得女，从母从女，可以认为
是母系氏族社会产生的古姓之一。相传，黄帝之子，禹阳被封在任国，
其国后裔以国为氏，姓任。

【译文】　无肠国在深目国的东边，这里的人身材高大，可肚子里都没有
肠子。

聂耳国

【经文】　聂^①耳国在无肠国东，使两文虎^②。为人两手聂其耳。县^③居海水中，及水所出入奇物。两虎在其东。

【注释】　①聂（shè）；②文虎：虎状文饰；③县（xuán）。聂耳国，毕注："聂当为耴，耳垂。"郝注《淮南子·地形训》："无聂耳国而云夸父，耽耳，大垂也"。郭郭注中国西南及国外有少数民族，耳垂金属物，致使耳垂异常下垂。

【译文】　聂耳国位于无肠国的东边，这里的人每个都使唤两只大老虎。他的两只手经常托着自己的大耳朵。这个国家孤悬在大海之水里，经常产出各种奇怪生物。两只老虎在聂耳国的东边。

夸父逐日

【经文】　夸父与日逐走，入日。渴，欲得饮，饮于河渭，河渭不足，北
饮大泽，未至，道渴而死，弃其杖，化为邓林。

【注释】　夸父，郝注："大荒北经云：'后土生信，信生夸父。'或说夸父善走，
为丹朱臣。"袁注：夸父者，炎帝之裔也，以义求之，盖古之大人也。
（夸：大父：美男子）是炎帝裔属中，颇有不少魁奇伟之巨人也。"夸
父：传说中由东向西竟走逐日。

【译文】　夸父追着太阳跑，走进太阳炎热的光圈时，夸父口渴得厉害，
在黄河、渭河取水喝，但河渭的水也不够夸父（族）喝，于是
又跑到大泽找水喝，还没到那个地方，便渴死于半路上，而他
丢弃的手杖，化成了一片森林。

博父国

【经文】　博父国在聂耳东，其为人大，右手操青蛇，左手操黄蛇，邓林在其东，二树木。一曰博父。

【注释】　博父国即夸父国，为《淮南子·地形训》中三十六国之一。其云："夸父耽耳，在其北方。博夸音近，云在聂耳东，即上夸父国"。又云："邓林在其东，则博父当即夸父，盖其苗裔所居'成'国也。"郭郛注博父即夸父。《左传·僖公二十四年》"管、蔡、郕、霍、鲁……文之昭也。"《左传·隐公五年》："郕人侵卫，故卫师入郕。"

【译文】　博父国在聂耳的东边，这里的人身材高大，右手握着一条青蛇，左手握着一条黄蛇，邓林在它的东边，这里高耸两根树木。一种说法是博父立的。

拘缨国

【经文】 拘（瘿）缨之国在其东，一手把（缨）瘿。一曰利缨之国。

【注释】 拘缨：即拘瘿。《淮南子·坠形篇》有句婴民。高诱注："句缨读九婴，北方之国。"九是数之极，极大之意。郭璞在注中认为常以手持冠缨，他认为缨作瘿，瘿是一种瘤，多生于颈，其大者如悬瓠有碍行动，故须用手拘之，拘瘿之国因此而得名。《吕氏春秋·尽数》：轻水多秃与瘿人，可以知道陕西一带较多大脖子病人。清《边裔典》中所绘拘缨国形象，为头戴大沿冠帽，手持冠缨，更为离谱。

【译文】 拘缨国于大属所堆和石山的东边，这里的人常用一只手握紧脖子的肉瘤。也有人称其为利缨国。

跂踵国

【经文】　跂踵国在拘缨（瘿）东，其为人大，两足亦大。一曰反踵。

【注释】　跂踵（qí zhǒng）。跂踵即支踵。郭璞注曰："其人行，脚跟不着地也。"跂踵国为《淮南子》所记海外三十六国之一。高诱注："跂踵民，踵不至地，以五指（趾）行也。"袁珂按《文选》王元长《曲水诗序》注高诱则作"反踵，国名，其人南行，迹北向也。"王念孙云《览事·人事》作"其为两足皆大……"《南蛮》卷作"其人两足皆大……则经文其人为大之大字盖衍文也。"

【译文】　跂踵国在拘缨国的东边，那里的人长得人高马大，两脚也很大。一种说脚掌是反长的。

欧丝之野

【经文】　欧丝之野^①在（大）踵东，一女子跪据树欧丝^②。

【注释】　①欧丝之野为专门负责丝织的部落。我国织造丝绸历史悠久，最初是用野蚕丝，后来改用家蚕丝，使用家蚕有据可查，至少有 5000 年历史。②据树欧丝，这是女子在采集野蚕茧的情景。欧丝就是缫丝，为制造丝绸的头一道工序，是指松解蚕茧和抽引蚕丝。

【译文】　欧丝野（方国）在跂踵国的东边，有一个女子正跪在树枝上抽丝剥茧。

騊駼

【经文】　北海内有兽，其状如马，名曰騊駼。

【注释】　騊駼（táo tú）。《山海经注证》注北海原指贝加尔湖，后来泛指北方大型湖泊，如呼伦贝尔湖等。郝注：“《尔雅》注引此经，下有‘色青’二字。《史记·匈奴传》徐广亦云‘似马而青’，疑此经今本有脱文矣。”袁注《周书·王会篇》禹氏騊駼为献，则野马之属也。郭郛注騊駼今名为普氏野马。

【译文】　北海区域内有种野兽，它的形状像马，名字叫騊駼。

罗罗

【经文】　有青兽焉，状如虎，名曰罗罗。

【注释】　罗罗即乌蛮，是彝族三十多个支系中的一个主要支系。吴任臣注引明
　　　　　朱谋玮《骈雅》说，青虎谓之罗罗。吴任臣说今云南蛮人呼虎，亦为
　　　　　罗罗，老则化虎。（参见《天中记》）。现代楚雄彝族巫觋认为族人经过
　　　　　火化，其灵魂变为虎。有的彝族村寨至今还流传"人死一只虎，虎死
　　　　　一只花"的俗语。男人自称罗罗濮或罗颇，意为雄虎，女人自称罗罗
　　　　　摩，意思为母虎。虎以其威猛成力量与威严的象征，因而彝族先民奉
　　　　　为原始图腾，成为彝家驱邪迎祥的保护神。

【译文】　有种青色的野兽，它的形状像老虎，名叫罗罗。

禺彊（强）

【经文】 北方禺彊①，人面鸟身，珥②两青蛇，践两青蛇。

【注释】 ①彊（qiáng）；②珥（ěr）。北方禺彊，郭璞注"字玄冥，水神也。"《庄子·大宗师》曰："禺彊立于北极，一曰禺京。"一本云："北方禺彊，黑身手足，乘两龙。"毕注《吕氏春秋》云："禹北至禺彊之所。"高诱云："禺彊，天神也。"《淮南子·地形训》云："禺彊，不周风之所生也。"

【译文】 北方的风神兼水神名叫禺彊，长着人的脸，鸟的身子，耳朵上悬挂两条青蛇，脚下踩着两条青蛇。

海外东经

大人国

【经文】　大人国在其北，为人大坐而削①船。一曰在䂞②丘北。

【注释】　①削（shào）；②䂞（jiē）。或作髻。大人国为《淮南子》所注三十六国之一。《大荒东经》云："有波谷山者，有大人之国。"袁注《大荒北经云》："有人名曰大人，有大人之国，厘姓，黍食……则大人之鼻祖。"《列子·汤问篇》所记龙伯国大人……帝凭怒，侵减龙伯之国使阨，侵小龙伯之民始短，至伏羲神农时，其国人犹十丈。

【译文】　大人国在它的北边，这里的人身高大，善于划船。还有人说（大人国）在䂞丘的北边。

奢比尸

【经文】 奢比之尸在其北，兽身，人面大耳，珥两青蛇。一曰肝榆之尸在大人北。

【注释】 奢比尸，郭璞注"亦神名也。"郝、袁注案《管子·五行篇》云："黄帝得奢龙而辩于东方。"又云："奢龙辩于东方，故使为士师，此经奢比在东海外，疑即是也。"罗泌《路史·后记》，亦以奢龙即奢比。《三才图会》作奢北。又《淮南子·地形训》云："诸比，凉风之所生。"诸比，神名，或即奢比之异。愚意以为尸像相顺走谓之比。相背谓之北，奢比仍为上古巫觋，作为巫觋均能言善辩，所在区域为东海沿岸。

【译文】 奢比尸在它的北面，它长着野兽的身子，人的面孔，大大的耳朵，耳朵上挂着两条青蛇。还有说肝榆尸神，在大人国的北边。

君子国

【经文】　君子国在其北，衣冠带剑，食兽，使二大（文）虎在旁。其人好让不争。有薰华草，朝生夕死。一曰在肝榆之尸北。

【注释】　君子国，为《淮南子》所述三十六国之一。《淮南子·地形训》："在东口之山，其人衣冠带剑。"《说文》云："东夷从大，大人也。夷俗仁，仁者寿，有君子，不死之国。"孔子曰："道不行，欲之九夷，乘桴浮于海，有以也。"又云："凤出东方君子之国。"

【译文】　君子国，在奢比尸神的北边。这里的人衣冠齐整，腰间佩着宝剑，吃着野兽，役使两只花斑老虎在身边。他们为人彬彬有礼，好让不争。这里出产一种花草叫薰华草，早晨开花，到晚上就凋谢了。另一种说法（君子国）在肝榆尸神的北边。

虹

【经文】　虹虹在其北，各有两道。一曰在君子国北。

【注释】　虹（hóng）。郝注虹，《汉书》作虹。郭璞注："虹，螮蝀也。"袁注："虹，即虹之别名。"《尔雅·释天》云："虹虹，螮蝀，虹也。"郭璞注云："俗名为美人虹"。郭郛先生在《山海经注证》说有双头之意。虫乃虎之古称，故可解读为四头虎图腾地区。

【译文】　虹虹在它的北边，每道虹有两个脑袋。也有人说（双重虹）在君子国北边。

天吴

【经文】　朝阳之谷，神曰天吴，是为水伯。在蚕蚕北两水间。其为兽也，八首人面，八足八尾（皆）青黄。

【注释】　天吴也称天虞，乃虞族首领，天吴族属于炎黄族系，最初居住在今山西、陕西一带。随着炎黄部族向东扩展，吴人也被迫大规模东迁。到尧舜之世，吴人已有许多支系都迁徙到东南滨长江三角洲一带。

【译文】　朝阳谷的神，名叫天吴，这就是所谓的水伯。此神在双重虹北边的两条水中间。这种野兽形的八个脑袋，每个脑袋都长着与人一样的脸，八只足八条尾背上的颜色是青中带黄。

竖亥

【经文】 帝命竖亥步,自东极至于西极,五亿十选^①九千八百步。竖亥右手把筭^②,左手指青丘北。一曰禹令竖亥,一曰五亿十万九千八百步。

【注释】 ①选(xuǎn),万。②筭:通"算"。古代人计算用的筹码。《说文·竹》:"长六寸,计历数者。"《淮南子·地形训》:"使竖亥步自北极,至于南极,二亿三万三千五百里七十五步。"高诱注:"太章,竖亥,善行人,皆禹臣也。"明唐寅《金粉福地赋》:"竖亥健步,寻源于三岛。"清龚自清《送徐铁孙序》:"大海际南斗,竖亥不可复步。"

【译文】 天帝命竖亥,步行测量国土,共是五亿十选(万)九千八百步。竖亥右手拿着算筹,左手指着青丘国的北边。也有人说,是大禹命令竖亥测量,是五亿十万九千八百步。

黑齿国

【经文】　黑齿国在其北，为人黑，食稻啖蛇，一赤一青，在其旁。一曰在竖亥北，为人黑首，食稻啖蛇，其一蛇赤。

【注释】　啖（dàn）。黑齿国乃《淮南子》所注三十六国之一。郭璞注，《东夷传》曰："倭国东四十余里有裸国，裸国东南有黑齿国，船行一年可至也。"《异物志》云："西染黑齿，亦以放此人。"毕注《淮南子·地形训》是指日本原住民阿伊奴人性喜将牙齿染黑，男女同样黑齿，故名。

【译文】　黑齿国在它的北边，这里的人浑身呈黑色，吃稻米饭，食蛇作菜肴，一条红蛇和一条青蛇在他的身边。也有人说，黑齿国在竖亥的北边，这里的人脑袋是黑的，吃稻谷和蛇肉，其中一条是红色的。

雨师妾

【经文】 雨师妾在其北，其为人黑，两手各操一蛇，左耳有青蛇，右耳有赤蛇。一曰在十日北。为人黑身人面，各操一龟。

【注释】 郭璞注："雨师谓屏翳也"。郝注《楚辞·天问》曰："蓱号起雨。"王逸注："蓱，蓱翳，雨师名也；号，呼也。"《初学记》卷二云："雨师曰屏翳，亦曰屏号。"今案雨师妾盖亦国名，即如《周书·王会篇》："有姑妹国矣。"《焦氏易林》乃云："雨师娶妇，盖托为词耳。"

【译文】 雨师妾在它的北边，这里的人通身是黑的，两只手各握一条蛇，左边耳朵挂着青色的蛇，右边耳朵挂着红色的蛇。也有人说（雨师妾国）在十个太阳北边，这里的人是黑色的身子，人的脸，两手各握一只乌龟。

玄股民

【经文】　玄股之国在其北，其为人衣鱼食躯，使两鸟夹之。一曰在雨师妾北。

【注释】　躯：鸥（ōu）。玄股之国，郭璞注："髀以下尽黑故云。"毕、郝、袁注，《淮南子·地形训》："有玄股民。"玄股国在招摇山。《大荒东经》云："黍食，食四鸟。"

【译文】　玄股国在它的北边，这里的人大腿全是黑的，他们拿鱼皮做衣服，拿鸥鸟作食品，两只夹在他们身边。也有人说（玄股国）在雨师妾的北边。

毛民国

【经文】　毛民之国在其北，为人身生毛。一曰在玄股北。

【注释】　毛民之国为《淮南子》所记三十六国之一。《大荒北经》曰："有毛民之国，依姓，食黍，使四鸟。禹生均国，均国生役采，役采生修鞈。修鞈杀绰人，帝念之，潜为之国，是此毛民。"《淮南子·地形训》云："东北有毛民。"高诱注云："其人体半生毛，若矢镞也。"

【译文】　毛民国在它的北边，这里的人全身长满了毛。也有人说（毛民国）在玄股国的北边。

劳民国

【经文】　劳民国在其北，其为人黑，或曰教②民。一曰在毛民北，为人面目手足尽黑。

【注释】　①教（jiào）。劳民国，《淮南子·地形训》注有劳民。高诱注云："劳民，正理躁扰不定也。"郭郛注劳民是劳动、勤劳人民的尊称，乃鸟图腾族，因其称为教民，故叫与教相同，所以认为是鸟图腾的族民。郝注"今鱼皮乌夷之东北有劳国，疑即此。"

【译文】　劳民国在它的北边，这里的人全身都是黑色的。也有人说应称其为教民国。也有人说（劳民国）在毛民国的北边，那里的人面孔和手脚都是黑的。

东方句芒

【经文】　东方句芒，鸟身人面，乘两龙。

【注释】　句（gōu）。句芒，郭璞注："木神也，方面素服。"《尚书大传》云："东方之极，自碣石东至日出榑木之野，帝太昊神句芒司之。"《吕氏春秋·孟春》云："其神勾芒。"高诱注："少昊氏之裔子曰重佐，木德之帝，死为木官之神。"《礼记·月令》："其帝大皞，其神句芒。"朱熹注曰："太皞伏羲，木德之君，句芒。少皞之子曰重，木官之臣。圣神继天立极，生有功德于民，故后王于春祀之。"句芒或名句龙，是中国古代神话中的木神。

【译文】　东方的木神——句芒，长着鸟的身子，人的脸，驾着两条龙。

海内南经

山海经图译

雕题国

【经文】　伯虑国，离耳国，雕题国，北朐国，皆在郁水南，郁水出湘陵南海（山）。一曰相（柏）虑。

【注释】　朐（qú）。雕题国位于海南岛北部。《海内南经》称在郁水南，又与儋耳并列。按郭璞注："点涅其面，画体为鳞采，即鲛人也。"雕题是面额部分的文身，鳞采为四肢的文身。《后汉书·南蛮传》李贤注称："题，额也，雕之谓刻其肌以丹青涅之。"《礼记·王制》："雕题交趾。"郑玄注称雕文谓刻其肌以青涅之。

【译文】　伯虑国，离耳国，雕题国和北朐国，都在郁水的南边，郁水河从湘陵南山流出。也有人称其为相虑国。

枭阳国

【经文】 枭阳国在北朐之西，其为人人面长唇，黑身有毛，反踵，见人
笑亦（则）笑，左手操管。

【注释】 枭阳：又名枭羊，原是狒狒之类野兽，身躯庞大。杨雄《羽猎赋》《淮
南子·汜沦训》并作枭阳。刘逵注左思《吴都赋》云："张衡《玄图》
曰：'枭羊喜获，先笑后愁。'"《太平寰宇记》云："海阳县凤凰山，一
名翔凤山，山中有神，形如人被发，迅走。"郭景纯云："枭阳盖此
山也。"

【译文】 枭阳国位于北朐国的西边，枭阳国的人长得样子像人，有很长
的嘴唇，身体呈黑色，并有体毛，脚是反长的，他们见到人就
大笑，左手拿一个竹管子。

夏后启之臣孟涂

【经文】 夏后启之臣曰孟涂，是司神于巴。巴人讼于孟涂之所，其衣有血者乃执之，是清生。居山上，在丹山西。丹山在丹阳南，丹阳居（巴）属也。

【注释】 孟涂：或称血涂、孟徐、孟余，均形近而伪。夏后启的大臣。郝懿行笺疏云："《水经注·江水》引此经作血涂。《太平御览》六百三十九卷作孟余或孟徐，不知孰是。"《水经注·江水》引郭景纯云："丹山在丹阳，属巴。"丹阳，郭璞云："今建平郡丹阳城，秭归县东七里。"中国古代夏朝孟涂氏封国。

【译文】 夏后启的大臣孟涂，在巴地做巫教主。当地人到孟涂那里告状，孟涂见到身上有血的便捉起来，这是他爱护生灵的仁德。孟涂住在山上，在丹山的西面。丹山在丹阳南边，丹阳归巴人辖属。

窫窳

【经文】 窫窳①龙首，居弱水中，在狌狌知人名之西，其状如（貙）②，龙首，食人。

【注释】 ①窫窳（yà yǔ）；②貙（chū）：一种像野猫、体型略大的猫科动物。窫窳是黄帝的同盟族群中的龙族首领，鳄鱼族（龙族），在与贰负及其臣下危在黄河上游争夺猎场的战斗中被重伤，后经巫彭巫相等十巫救治无效死亡。还有一说法是窫窳被十巫救活后，屠杀贰负族族民，将贰负及臣下危捕获后杀死。

【译文】 窫窳脑袋像龙头，居住在弱水之中。在猩猩居住之地的西面，它的形状像貙，龙首，能吃人。

氐人国

【经文】　氐人国在建木西，其为人人面而鱼身，无足。

【注释】　氐（dī）。氐人国在周秦时，分布在今甘肃、陕西、四川交界处，从事畜牧业、农业，部落支系繁多，有青氐、白氐、蚺氐、巴氐、白巴氐、阳平氐，常与羌混同。魏晋以后氐人在与汉族频繁接触中转习农耕，最终融入汉族。氐人服饰各种各样，人面鱼身为氐巫形象，人面为人形面具，鱼身为鳄鱼皮兜，无足是因为麻裤垂地看不到脚。

【译文】　氐人国在建木的西边。这个国家的人长着人的脑袋，鱼的身体，没有脚。

巴蛇食象

【经文】　巴蛇食象，三岁而出其骨，君子服之，无心腹之疾。其为蛇青、黄、赤、黑。一曰黑蛇青首，在犀牛西。

【注释】　巴蛇：也称森髯，蚒蛇。《淮南子·精神训》云："越人得蚒（髯）蛇，以为上肴，中国（华夏族）而弃之无用。"《水经·叶榆》："山多大蛇，名曰髯蛇，长十丈，围七八尺，常在树上伺鹿兽。鹿兽过，便低头绕之。有顷鹿死，先濡令湿讫，便吞，头角骨皆钻皮出。山夷始见蛇不动时，便以大竹签签蛇头至尾，杀而食之，以为珍异。"《桂海虞衡志》云："蚒蛇胆入药，南人腊其皮，刮去鳞，以鞔（mán）鼓。"

【译文】　巴地的蛇可以吃象，过三年才把象骨排泄出来，君子吃了巴蛇的肉，可除去心病和腹痛。巴地产的蛇有青、红、黄、黑色。也有人说黑蛇有青色头，在犀牛的西边。

旄马

【经文】　旄马，其状如马，四节有毛，在巴蛇西北，高山南。

【注释】　郭璞注《穆天子传》，所谓豪马者，亦有牛。郝、袁注:"今《穆天子传》作豪马、豪牛。"旄牛见于《北山经》首潘侯之山。郭郭注氂、旄、牦现已通用。

【译文】　旄马的样子很像普通的马，四腿关节上长有很长的毛，它在巴蛇生长地区的西北，一座高山的南麓。

匈奴

【经文】 匈奴、开题之国、列人之国并在西北。

【注释】 匈奴：《史记》《汉书》俱载，匈奴，其先祖夏后氏之苗裔，曰淳维。
可见匈奴的主干是华夏族的一支。《周书·王会篇伊尹四方令》云："正
北匈奴。"《史记·匈奴传》索隐引应劭《风俗通》云："殷时曰獯粥，
改曰匈奴。"又晋灼云："尧时曰荤粥，周曰猃狁，秦曰匈奴。"匈奴，
又名猃狁。猃为长喙犬，猎犬的一种；狁为戎，羊的异称。关于匈奴
人的习俗，据《礼记·中庸》《正义》所言："北方沙漠之地，其地多
阴，阴气坚急，故人性刚猛，恒好斗争，故以铠甲为席，寝宿于中。"

【译文】 匈奴、开题国、列人国都在旄马生活的西北角上。

海内西经

危

【经文】　贰负之臣曰危，危与贰负杀窫窳，帝乃梏之疏属之山，桎其右足，反傅两手与发，系之山上木，在开题西北。

【注释】　危是贰负联盟中的一位部族首领，当时不能称臣，称臣为后世文人的一种笔误，称其为首领或巫祝更为合适。"危"在甲骨文中意为飞来的箭镞，形为""。因与贰负盟主，同谋杀死窫窳（龙族首领），被黄帝下令擒获。被擒后，梏其右脚，反束双手和头发，捆掷于大山仔巨树干上。

【译文】　贰负有个臣下，叫危，危与贰负合伙杀了窫窳，黄帝大怒，于是便把他俩捉住放在疏属山中，捆住他们的右脚，并反绑他们的双手与头发，捆绑在山中一棵上，这个地方位于开题国的西北。

流黄酆氏国

【经文】 流黄酆氏之国，中方三百里，有涂四方，中有山，在后稷葬西。

【注释】 酆（fēng）。关于流黄丰氏国中的丰氏祖源有诸多版本，其一是源于高辛氏。高辛氏执政期间，属下有个大臣叫丰侯且，其后裔都以祖名为姓。其二源于姜姓，殷商时古逢国君主丰伯。其三源于姬姓，出自周文王姬昌十七子姬子于之后，属于以封邑为姓。周文王灭崇国后改其为丰邑，周文王将十七子姬子于安排在丰邑，拱卫京畿，爵为侯爵，史称丰侯。有的文献还称丰氏源于蒙古族和满族。

【译文】 流黄酆氏国，其疆域方圆三百里，四通八达，国中有一座大山。这个国家位于后稷所葬地的西边。

东胡

【经文】　东胡①在大泽②东。

【注释】　①东胡：郝、袁注："国名也"。②大泽：即黄河河套地区，大水沼泽。
《伊尹四方令》云："正北东胡。"详《后汉书·乌桓鲜卑传》。《广韵》
引《十六国春秋·前燕录》云："昔高辛氏游于海滨，留少子厌越以居
北夷，邑于紫蒙之野，号曰东胡。"其后为慕容氏。战国时，东胡和林
胡、楼烦并称"三胡"。

【译文】　东胡国在大泽的东边。

夷人

【经文】　夷人在东胡东。

【注释】　夷人：夷人是对所有夷族的蔑称，也称东夷，是活动于山东及江苏安徽北部的一支古老民族。苏皖北部夷族，自西周之后又称淮夷、徐夷。夷在商代甲骨文的表现为从弓之人，泛指中原以外之执弓之族，包括黄河中上游的冰夷、石夷。上古太皞便是东夷族中的一族酋长。

【译文】　夷人所居住的地方在东胡的东边。

貊国

【经文】　貊①国在汉水东北，地近于燕②，灭之。

【注释】　①貊（mò）：也称涉洦。②燕（yān）：中国东北地区古老民族之一。
《诗·大雅·韩奕》说："王锡韩侯，其追其貊。……献其貔皮，赤豹
黄罴。"追与涉古音相同，故追又作涉，涉貊被指为周王朝东北部民族。
《周礼·秋官·司寇》："貉隶百有二十人。"郑玄注曰，"征东北夷所
获"。《管子·小匡》称齐桓公"九合诸侯，一匡天下，北至孤竹、山
戎、涉貊。"由此证明周天子和齐恒公用兵貊国。

【译文】　貊国位于汉水的东北方，因其地太近燕国，被燕国灭亡。

孟鸟

【经文】 孟鸟在貊国东，其鸟文赤、黄、青，东乡。

【注释】 乡：意为通（向）。孟鸟，郭璞记亦鸟名也，然《博物志·外国》云："孟舒国民，人首鸟身，其先主为雪氏训百禽，夏后之世始食卵，孟舒去之……"《太平御览》卷915引《括地图》曰，"孟亏人首鸟身，其先为虞氏驯百兽，夏后之末世，民始识卵，孟亏去之。"就是说《博物志》和《太平御览》均认为，孟鸟就是孟鸟族。

【译文】 孟鸟（族）生长的貊国的东北，这种鸟身上的花纹五彩斑斓，红的、青的、黄的等各种羽毛都很美丽，鸟头常面向东方。

开明兽

【经文】 昆仑南渊深三百仞。开明兽身大类虎而九首，皆人面，东乡立昆仑上。

【注释】 开明兽：开明兽为羌人崇拜图腾。类虎，是绘有虎纹纹身。九首，当为极大的面具。九为巫数，极大之意，为巫觋所戴面具。《淮南子·地形训》云："东方曰东极之山，曰开明之门。"明指太阳，日出东方，天下大明，故以开明指东方。《竹书纪年》则称开明兽是服侍西王母的神兽。在蜀地有传说，开明后被鳖灵降服，并为建国立功，鳖灵有感其为，遂在建国后自称开明兽。也有传说，开明氏乃古蜀国贤王，死后上天再化为开明兽。

【译文】 昆仑丘南面，有个大渊谷，深约三百丈，那里有个像虎一样的神兽，长着九颗人的脑袋，常面向东立于昆仑之上。

凤凰

【经文】　开明西有凤凰、鸾鸟，皆戴蛇践蛇，膺有赤蛇。

【注释】　凤凰：中国古代传说的百鸟之王，和龙一样为汉民族图腾，雄为凤，雌为凰。据《尔雅·释鸟》郭璞注，凤凰特征为"鸡头，燕颌，蛇颈，龟背，鱼尾"。《山海经·五藏山经》曰："首纹曰德，翼文曰义，背文曰礼，膺纹曰仁，腹文曰信。"凤凰性情高洁，非晨露不饮，非嫩竹不食，非梧桐不栖。神话传说中，凤凰每次死后，会周身燃起大火，然后在烈火中获得重生，并获得较之前更强大的生命力，称之为凤凰涅槃。凤是古代夷人心目的瑞鸟，被誉为四灵之一。

【译文】　开明国的西边有凤凰和鸾鸟，都挂带蛇的饰品，脚下踩着蛇团，胸前还挂着一条赤红色的蛇。

诸巫疗窫窳

【经文】 开明东有巫彭、巫抵、巫阳、巫履、巫凡、巫相，夹窫窳之尸，
皆操不死之药以距之。窫窳者，蛇身人面，贰负臣所杀也。

【注释】 窫窳是黄帝的同盟族群中的龙族首领，鳄鱼族（龙族），在与贰负及其
臣下危在黄河上游争夺猎场的战斗中被重伤，后经巫彭巫相等十巫救
治无效死亡。还有一说法是窫窳被十巫救活后，屠杀贰负族族民，将
贰负及臣下危捕获后杀死。

【译文】 开明国的东边有许多神巫，如巫彭、巫抵、巫阳、巫履、巫凡、
巫相，他们在窫窳的周围，都手拿长生不死药使窫窳死而复生。
窫窳长得蛇身而人面，是被贰负和他的臣下危所杀死的。

服常树三头人

【经文】　服常树，其上有三头人，伺琅玕树。

【注释】　玕（gān）。服常树，郭璞说："服常木，未详。"毕注："《广韵》引作榆常，非。"郝注案《淮南子·地形训》云："昆仑之上，沙棠、琅玕在其东。疑服常作沙棠也。"服，《玉篇》《广韵》并作"榆"，云："木出昆仑也。"郭郭说："服或榆音近耶。榆，疑为柳棠，棕榈科植物，常绿乔木，叶羽状，果实卵圆形，大如瓢，直径10－30厘米。常、棠字形相近，产于南方等地。"

【译文】　服常树也是一种树，树上生活有三头人，两眼直盯附近的一棵琅玕树。

树鸟

【经文】　开明南有树鸟，六首。

【注释】　树鸟：六首，郝、袁注《大荒西经》互人国云："有青鸟，身黄、赤足、六首，名曰鶡鸟，疑即此六首之树鸟类。"郭郛注："树鸟头部不停地东张西望，人以为此鸟有六脑袋，此乃人的视觉效应，不是鸟有六首。"愚意以为六首是在树叶中露出的六只鸟头，不难理解其六首之意。

【译文】　开明国南边有树鸟，树上露有六个脑袋。

蛟

【经文】 开明南有树鸟，六首。蛟、蝮、蛇、蜼豹、鸟秩树，于表池树木，诵鸟、隼鸟、视肉。

【注释】 《说文解字》曰："蛟，龙之属也。池鱼满三千六百，蛟为之长，能率鱼飞。置笱水中，即蛟去，母龙曰蛟（见《抱朴子》）"。又有古书说蛟为无角龙。《韵会》曰："蛟，龙属，无角曰蛟。"《楚辞·守志》："乘六蛟兮蜿蝉。"注："龙无角曰蛟。"还有一种说法，蛟通鲛。《商君书·弱民》："胁蛟犀兕，坚若金石。"《汉书·武帝纪》："自寻阳浮江，亲射蛟江中。"

【译文】 开明国南边有树鸟，树上露出六颗脑袋。还有鳄鱼、蛇类、长尾猴、豹子，还有鸟秩树林，都生长在瑶池周国，这里生长有诵鸟、雕、太岁（菌类）。

海内北经

西王母

【经文】　西王母梯几而戴胜（杖），其南有三青鸟，为西王母取食。在昆
仑虚北。

【注释】　西王母作为西方草原民族盟主的称号，从黄帝时期一直传到周初。《穆
天子传》就记载了周穆王与西王母相会的情景。《竹书纪年》："帝舜九
年，西王母来朝，献白环（瑁）、玉玦。"说明虎族西王母与大舜（龙
虎族）有交往历史。

【译文】　西王母身倚案几，头戴闪闪发亮的玉胜（纺轮片）。她所在的南
边有三青鸟族，专门为西王母贡送食品。西王母所在的地方位
于昆仑山的北面。

犬封国

【经文】　犬封国曰犬戎国，状如犬，有一女子方跪进（柸）食。

【注释】　①柸（pèi）。犬封也称犬戎。《淮南子》曰："狗国在建木东。"《伊尹四方令》记载："在昆仑正西，盘瓠杀戎王高辛，以美女妻之，并在会稽东海中，封地三百里，生男为狗，生女为美人。"于是有了狗封国。此乃神话不足为信。大荒北经认为犬戎仍黄帝后裔，并曰："有人曰犬戎，黄帝生苗龙，苗龙生融吾，融吾生弄（一从卜）明，弄明生白犬，白犬有牝牡，是为犬戎。"《后汉书》中有"昔高辛氏有犬戎之寇，帝患其侵暴而征伐，不克"之记载。

【译文】　犬封国也叫犬戎国，这个国家的人长得像狗，旁边有一女子，正跪着献上肉食。

吉量

【经文】　有文马，缟①身朱鬣②，目若黄金，名曰吉量，乘之寿千岁。

【注释】　①缟（gǎo）。②鬣（liè）。吉量，郭璞注："一作良。"毕注《尔雅·马属》云："回毛在背，阌广。疑阌广、吉量音相近。"李善注《东京赋》引此经作吉良。《周书》曰："犬戎文马赤鬣白身，目若黄金，名曰吉黄之乘，成王时献之。"《六韬》曰："文身朱鬣，眼若黄金，项若鸡尾，名曰鸡斯之乘。"

【译文】　大封国有种有斑纹的骏马，毛身纯白，红色的鬣毛，双眼金光灿灿，这种马叫吉量马，乘上它的人能长命千岁。

鬼国

【经文】　鬼国在贰负之尸北，为物人面而一目。一曰贰负神在其东，为
物人面蛇身。

【注释】　鬼国：也称鬼方，騩方。据王国维《鬼方昆夷猃狁考》，鬼方为亚洲古代
小国，位于今陕西北部、山西北部、内蒙古西部，是古代游牧民放之
一。《周易·既济》："高宗（武丁）伐鬼方，三年克之。"《文选·扬
雄》："遂克西戎，还师于京，鬼方宾服，罔有不庭。"李善注《世本》：
"鬼方，于汉则先零戎也。"唐人所记流鬼国可能是鬼国遗族。元人所
修《开元新志》称其为苦兀、骨嵬。

【译文】　鬼国在贰负之尸的北面，鬼国的人都长着一只眼睛。也有人说
贰负神在它的东边，鬼国的人长得人面蛇身。

蚼犬

【经文】　蚼犬如犬，青，食人从首始。

【注释】　蚼（táo）：蚼犬，郭璞注："音陶。或作蚼，音钩。"郝、袁注《说文》
　　　　　卷13作蚼云："北方有蚼犬食人。"郭郭先生注蚼犬为西伯利亚野犬。
　　　　　不同于家犬，不同于狼，青色，凶猛异常。《中国动物学史·山海经》
　　　　　释蚼犬为西伯利亚野狗。

【译文】　蚼犬样子像狗，呈一身青毛，这种蚼犬能吃人，吃人时从头部
　　　　　开始。

穷奇

【经文】　穷奇状如虎，有翼。食人从首始，所食被发，在蜪犬北。一曰从足。

【注释】　穷奇：上古时期草原民族之一。《史记正义》引《神异经》曰："西北有兽，其状如虎，有翼能飞，便劁食人，知人言语，闻人斗辄食直者，闻人忠信辄食其鼻，闻人恶逆不善辄杀兽馈之，名曰穷奇。"

【译文】　穷奇长得样子像虎，有双翼，吃人从头部开始，被吃的人披散着头发，它所在地域在蜪犬北面。有一种说法，说它吃人从脚开始。

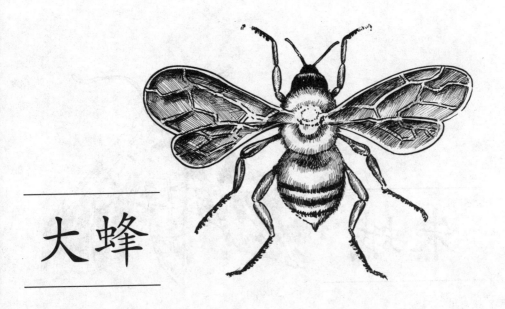

大蜂

【经文】　大蜂其状如螽。

【注释】　螽（zhōng）：一种昆虫，或作蝗类总称。螽，郝注："蜂有极桀大者，仅曰如螽，似不足以方之，疑螽即蜂之讹，古文蜂作螽，与螽字音近，故讹耳。"《山海经注证》注依字意螽为飞蝗或冬斯。

【译文】　巨大的蜜蜂其样子像飞蝗。

【经文】　朱蛾其状如蛾。

【注释】　晋郭璞注"蛾，蚍蜉也。"《楚辞》云"玄蜂如壶，赤蛾如象"，谓
　　　　　　此也。

【译文】　红色的天蛾样子就像蛾。

蛴

【经文】 蛴，其为人虎文，胫有腎，在穷奇东。一曰状如人，昆仑虚北
所有。

【注释】 蛴，郭璞注："蛴音桥。"《说文》云："蛴，虫也。"《广韵》蛴字注引此
经云，野人身上有兽文。郭郭认为此一蛴字当是民族名，疑为古有蛴
氏。《史记·五帝本记》："帝营高辛。"高辛氏曰蛴极，蛴作人名。《通
志·氏族略》云："高阳氏之玄孙，蛴牛之后，舜之祖也。"

【译文】 蛴国在穷奇的东边，那里的人身上长着虎皮一样的花纹，小腿
肚子的肉长在脚部。也有人说蛴人形状和普通人一样，是昆仑
山北面独有的。

阘非

【经文】　阘非，人面而兽身，青色。

【注释】　阘（tà）非：阘，小户之意，引申为卑下。非，现意为不，但在上古时作非。于省吾《殷契骈枝三篇》释为排之初文，后释作非。《殷墟甲骨文实用字典》卜辞义作非。"癸酉贞，日月又食，唯非若。"愚意以为非在上古时是巫觋用作测日月之影的工具。阘非是地位低下的北方草原的萨满巫觋，头带面具身穿兽皮，观测日月以授更时，相当更夫或报时员。

【译文】　阘非国的人，长着人的面孔而身披兽皮，呈青黑色。

据比尸

【经文】　据比之尸，其为人折颈披发，无一手。

【注释】　据比尸：郭璞注："一云掾比。"郝注："掾比，一作掾北。"袁注《淮南子·地形篇》云："诸比，凉风所生也。"高诱注："诸比，天神也，疑即据橼比（北）。"《山海经注证》认为据比意同诸比、诸毗，疑此猪比为养猪氏族。

【译文】　据比，其模样像是颈被折断（呈歪脖形状）。另一只手也不知道那去了。

环狗

【经文】 环狗，其为人兽首人身。一曰蝟，状如狗，黄色。

【注释】 环狗：郝注，《伊尹四方令》云："正西昆仑狗国。"《易林》云："穿胸狗邦，僵离旁脊。"《淮南子·地形训》："有狗国。"郭郭注西北方狗图腾族之一。兽首人身，袁注："观其封盖亦犬戎、犬封之类。"

【译文】 环狗，它为人形，野兽头颅人的身躯。另一种说法是刺猬的样子而又像狗，黄色。

袜

【经文】 袜①，其为物人身，黑首从②目。

【注释】 ①袜（mèi）。②从（zòng）。袜，郭璞注："袜即魅。"郝注："魅魅，汉碑作檽袜。"《后汉书·礼仪志》云："雄伯食魅。"《玉篇》云："袜即鬼魅也。"《山海经注证》："袜同魅，可能是魅氏族之一，按黑首纵目等形象又似猪氏族之一。"

【译文】 袜这种神兽身子像人，长着一颗黑黑的头，眼睛是竖立着长的。

戎

【经文】　戎其为人人首三角。

【注释】　戎：郝注《周书·史记篇》云："昔有林氏召离戎之君而朝之，或单呼为戎，又与林氏国相比疑是也。"袁注《史记篇》云："昔有林氏，召离不之君而朝之，至而不礼，留而弗视，离戎逃而去之，林氏诛之，天下叛林氏。"孔晁注："林氏，诸侯，天下见其遇戎不以礼，遂叛林氏，林氏孤危也。"对于戎也有不同的解释，郭郛认为戎是泛指西方养羊带兵器的氏族。

【译文】　西戎，其人形为人的脑袋，头戴三角皮帽。

林氏国驺吾

【经文】 林氏国有珍兽，大若虎，五采毕具，尾长于身，名曰驺吾，乘之日行千里。

【注释】 驺（zōu）。林氏国即林胡，春秋时称林。毕、郝注，《周书·史记解》云：“昔有林氏，召离戎之君而朝之。”又云：“林氏与上衡氏争权，俱身死国亡，即此国也。”驺吾，乃千里马也。郝注《毛诗传》云：“邹虞白虎黑文，不食生物，与此异。”郭璞注《六韬》云：“纣囚文王，闳夭之徒诣林氏国求得此兽献之，纣大悦，乃释之。”

【译文】 林氏国有一种十分珍贵的神兽，个头如老虎一般，身上有五彩斑澜的花纹，尾巴比身子还要长，它的名字叫驺吾，骑上它能够日行千里。

冰夷

【经文】　从^①极之渊，深三百仞^②，维冰夷恒都焉。冰夷人面，乘两龙。一曰忠极之渊。

【注释】　①从（zhōng）。②仞：古代八尺为一仞。冰夷也称冯夷，河伯。郭郭注："冰夷，冯夷也。"《淮南子》云："冯夷得道，以潜大川。"即河伯也。《穆天子传》所谓河伯无夷者。《竹书》作冯夷，冯字或作冰也。

【译文】　从极渊河，这个大渊河深三百丈，只有冰夷一直盘踞在那里。冰夷长着人头鱼身，乘两条龙。一种说法是在忠极渊河。

王子夜尸

【经文】　王子夜之尸，两手、两股、胸、首、齿皆断异处。

【注释】　王子夜：郝注《楚辞·天问》注："有王子侨之尸，未审与此经所说即一人不？或说王子之尸即尸虞，恐非也。"郭璞引注《竹书纪年》曰"殷王子亥宾于有易，淫焉，有易之君绵臣杀而放之"，也就是王亥死后的惨象。愚意以为王子夜之尸为巫觋死后之残体。"王"就是巫号，子夜就是巫觋的姓氏。身首异处并非是被杀戮，而是少数民族的天葬形式。将尸体剁碎，放置天台（岩石）之上，供兀鹫啄食，据说这样灵魂可以升天。上古时"尸"通"夷"，也就是华夏族对汉地东部民族的称谓。

【译文】　王子夜的尸体，两只手、两条腿、胸部、头部、牙齿都被砍断，分散得七零八落。

霄明烛光

【经文】 舜妻登比氏生霄明、烛光，处河大泽，二女之灵能照此所方百
里。一曰登北氏。

【注释】 霄明和烛光为登比族管理火种的巫觋。上古时期氏族对火种管理有着
严格的规定，生火时由巫觋主持，并亲自取火种。《初学记》卷10云：
"舜女有霄明、烛光。"《山海经注证》："霄明、烛光，给人光明，乃用
火或者保管火种、散布火种的氏族头人，为龙图腾氏族。又是以女性
为主的母系氏族。"

【译文】 帝舜的妻子登比氏，生有两个女儿，一个叫霄明，一个叫烛光，
生活在黄河溢漫的大泽上。两个女儿的神光可以照亮方圆百里
的地方。另一种说法也有叫登北氏的。

盖国

【经文】 盖国在钜燕南，倭北，倭属燕。

【注释】 盖国：先秦著作记载的国度。中国大陆曾出土青铜器铭文曰："王伐盖侯，周公某（谋），禽祝，禽又（有）殷祝王赐金百孚，禽用乍宝彝。"周成王年间，盖国多次起兵反抗周朝。郝注《魏志·东夷传》云："东沃沮在高句丽盖马大山之东"。

【译文】 盖国在钜燕国的南面，倭国的北面，倭属于燕国管辖。

朝鲜

【经文】 朝鲜在列阳东，海北山南，列阳属燕。

【注释】 朝鲜，郭璞注："今乐浪县，箕子所封也。"列阳，郭璞注列亦水名也，今在带方。带方有列口县，列水就是流经平壤的大同江。关于朝鲜名称的来历有几种说法。《大荒经·海内经》说："东海之内，北海之隅，有国名曰朝鲜。"

【译文】 朝鲜在列阳河东边，海在其北，山在其南，列阳河也属燕国管辖。

射姑国

【经文】 射姑国在海中，属列姑射，西南山环之。

【注释】 射（yè）姑国：射姑国也就在列姑射山上。《列子》云："列姑射山，在海河洲中，山有神人焉，吸风饮露，不食五谷，心如渊泉，形如处女。不偎不爱，仙圣为之臣；不畏不怒，原悫为之使。不施不惠而自足，不聚不敛而已无愆。阴阳常调，日月常明，四时常若，风雨常均，字育常时，年谷常丰；而涂无札伤，人无夭恶，物无疵疠，鬼无灵响焉。"旧州作洲，徐显之认为列姑射在今江华岛。丁镛考《汉书·地理志》之列口县在焉，列口为北汉江口。

【译文】 射姑国在海中，属于列姑射的一部分，它的西南有山环绕。

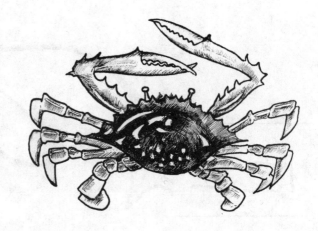

大蟹

【经文】　大蟹在海中。

【注释】　大蟹：郭璞注："盖千里之蟹也。"毕、郝注《周书·王会篇》云："海阳大蟹。"孔晁注云："海水之阳，一蟹盈车。此云千里，疑字之讹也，然大荒北经注亦同，又似不讹。"《吕氏春秋·恃君览》云："夷秽之乡，大解、陵鱼。"大解即大蟹也，古字通用。卫徐注今之乔桐岛，图形似大蟹。

【译文】　大蟹生活在海中。

陵鱼

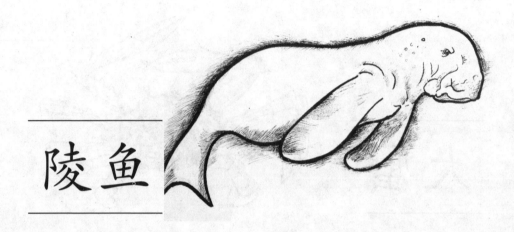

【经文】　陵鱼人面，手足，鱼身，在海中。

【注释】　陵鱼：郝注："查通奉使高丽，见海沙中一妇人，肘后有红鬣，号曰人鱼，即陵鱼也。"陵，人声相转，形状又符，是此鱼审矣。袁注《山海经》记："有产人鱼之多所，西山经之竹山……亦均人鱼是之属也。然此人鱼乃动物之人鱼，非神活之人鱼也……"《天中记》卷12引《徂异记》亦云："侍制查道奉使高丽，晚泊一山，望见沙中有一妇人，红裳双袒，髻鬟微乱，肘有红鬣。水工曰某在海上，未省得此为何物？查曰此人鱼也。"北欧童话有关人鱼其形像与此相似。

【译文】　陵鱼长着人的面孔，前肢像人的手或脚，生活在海中。

海内东经

山海经图译

月支

【经文】 国在流沙外者，大夏、竖沙、居繇①、月支②之国。

【注释】 ①繇（yáo）；②月（ròu）支：又为氏（zhī）。月支起源于乌拉尔山、南
西伯利亚一带，属于河西走廊祁连山。为古代原始印欧人种游牧部落，
亦称"月氏""禺知"。月氏于公元 2 世纪为匈奴所败，西迁伊利河、楚
河一带。后又败于乌孙，遂西击大夏，占领妫水（阿姆河）两岸，建
立大月支（月氏）国。

【译文】 西域之国在流沙之外的国家有：大夏国、竖沙国、居繇国、月
支国。

大夏

【经文】　国在流沙外者，大夏、竖沙、居繇、月支之国。

【注释】　大夏：最早见于《左传》，《左传·昭公元年》载："迁实沈于大夏。"
大夏为中亚古国名，希腊人称其为巴克特里亚。《史记》《汉书》称大
夏，《大唐西域记》对大夏译作睹货逻，《唐书》称吐火罗，乃塞种的
南支。《汉书·张骞传》曰："时大月支西击大夏而臣之，遂都妫水
（阿姆河）北为王庭其南则大夏。"

【译文】　西域国在流沙之外地域的国家有：大夏国、竖沙国，居繇国，
月支国。

竖沙

【经文】　国在流沙外者，大夏、竖沙、居繇、月支之国。

【注释】　竖沙：类似记载亦见于《魏略·西戎传》："流沙西有大夏国、竖沙国、居繇国、月支国。"今案"竖沙""居繇"实系"坚沙""属繇"之讹，可分别视为贵霜、栗戈的异称。竖沙也称渠沙，《三国志·魏书·乌丸鲜卑东夷传》裴注引《魏略·西戎传》中道："西行尉梨、危须国……"

【译文】　西域国在流沙之外地域的国家有：大夏国、竖沙国、居繇国、月支国。

居繇

【经文】 国在流沙外者，大夏、竖沙、居繇、月支之国。

【注释】 居繇：据余太山《古族新考》考证，居繇为粟特人。粟特原居地本在葱岭西的河中地区，早在南北朝时期建立了康、安、米、曹、石、何等城邦，汉文载籍谓之昭武九姓。这些国家位居亚洲腹地的中心，当横亘欧亚大陆的丝绸之路枢纽，乃是丝绸——黄金贸易的最大转运站，诸国因之致富。史载康国粟特"善商贾，好利，丈夫年二十去旁国，利所在无不至"。不辞劳苦，沿丝绸之路东西往返，由之形成了许多粟特聚落。

【译文】 西域国在流沙之外地域的国家有：大夏国、竖沙国、居繇国、月支国。

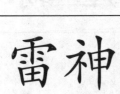

雷神

【经文】　雷泽中有雷神，龙身而人头，鼓其腹，在吴西。

【注释】　雷神：雷神即雷祖。雷祖出自西陵氏，又称方雷氏。韦昭注《国语·晋语四》云："方雷，西陵氏之姓"，则方雷部即黄帝妻嫘祖（方雷氏）。

【译文】　在雷泽那个大沼泽中，有位神叫雷神，它是一个龙身人头、半人半兽的怪物，它还常拍着鼓腹，发出一阵阵响雷，这个雷泽位于吴国西部。

大荒东经

少昊之国

【经文】 东海之外有大壑，少昊之国，少昊孺帝颛顼于此，弃其琴瑟。

【注释】 少昊：郭璞注："少昊，金天氏帝挚之号也。"居今山东曲阜。大昊遗虚在陈，即今河南淮阳。《左传·僖公二十一年》："任、宿、须句、颛臾，风姓也。实司太皞与有济之祀。"风姓四国皆太昊，居今山东济宁、东平、平邑或费县，都在古济水以南，鲁西南部地区。太昊乃少昊分支，其母族居今曲阜。

【译文】 东海海外有一个很大的深坑，据说没有底，称作归墟，那里是少昊建国的地方，少昊在这里抚养帝颛顼，把颛顼幼年玩过的琴瑟抛弃在大壑。

小人国靖人

【经文】　有小人国，名靖人。

【注释】　靖人：靖，细貌。故小人名靖人。《淮南子》作靖人。《列子》作诤人。
《列子·汤问篇》曰："东北极有人名曰诤人，长九寸。"郭璞《图赞》
曰："焦侥极么，靖人又小。四体取具（一作足），眉目才了，大人长
臂，与之共狡。"

【译文】　有小人国，名叫靖人。

犂𩵋尸

【经文】　有神人面兽身，名曰犂𩵋之尸。

【注释】　𩵋（líng）：郝注："《玉篇》云𩵋同𩵋，又作灵，神也，或作𩵋。《广韵》引此经作𩵋，或作𩵋。"《说文》云："𩵋，龙也。"犂𩵋尸为《山海经》所记十二尸之一。愚意以为犂𩵋尸为九黎族之春耕之神。现在把老百姓叫黎民百姓，这黎民就是九黎部落民众之称谓。犂在上古已作为牛耕之工具，每年春耕之时就有巫觋扮装犂𩵋之尸，受黎民祭拜，并主持春耕之事。该族崇拜龙图腾。

【译文】　有一个神，长着人的脸，兽的身子，名叫犂𩵋尸。

454

芮国

【经文】　有芮①国，黍食，使四鸟：虎、豹、熊、罴②。

【注释】　①芮（wěi）；②罴（pí）。芮国，毕沅注《山海经新校正》云："此即涉
貊国也。"今按重，《逸周书·王会》称"秽人"，即此经芮国。芮、秽
古音相近，可取对音。关于蒍国，张春生在《山海经研究》一书中认
为其分布在吉林盘石、永吉、舒兰、吉林等县，西团山文化就是重族
文化。其陶器以砂质黑陶、褐陶、红褐陶为主，房屋多在山坡凿穴，
或挖竖穴而通。其年代约为战国，与芮国存在时间相符，属于蒙古人
种北亚类型。

【译文】　有一个芮国，人们以黍为食。能驯化驱使老虎、豹子、熊、马熊
等四种动物。

中容国

【经文】　有中容之国，帝俊生中容，中容人食兽、木实，使四鸟：豹、
虎、熊、罴。

【注释】　中容国：毕注《吕氏春秋·本味篇》云："指姑之东，中容之国，有赤
木，玄木之叶焉。"郝注《左传·文公十八年》云："高阳氏有才子八
人，内有中容。"郭郭注此中容即是高阳氏图腾后裔，甲骨文中为𡘓。
《书·大禹谟》云："允执厥中。"

【译文】　有一个中容国，帝俊生中容，中容国国民吃兽肉和果实，役使
着四种野兽：豹、虎、熊、罴。

君子国

【经文】　有东口之山，有君子之国，其人衣冠带剑。

【注释】　君子国：《淮南子·地形训》记有此国，在东口之山。《后汉书·东夷传》注引《外国图》曰："去琅琊三万里。"孔子曰："道不行，欲之九夷，乘桴浮于海，有以也。"又云："凤出东方君子之国。"《山海经注证》认为，君子国，有好让不争的习俗，在中国的山东半岛东方，也可能在朝鲜半岛地区，以凤为图腾。

【译文】　有东口山，这里有个君子国，这里的人衣冠整齐，腰佩宝剑，显得非常谦和。

司幽国

【经文】　有司幽之国，帝俊生晏龙，晏龙生司幽，司幽生思士，不妻，思女不夫，食黍，食兽，是使四鸟。

【注释】　《礼记注疏》："宴，晚也。"司幽国即典籍中常言的北方神颛顼所处之"玄宫""幽"。《说文》训作隐也，引申为黑暗（段玉裁注：'幽，黑色'，此谓幽为黝之假借）。司幽，即主管黑夜之神。司，主管。思士不夫，即夫妻男不娶女人。思女不夫，即思女不嫁男子。《博物志》卷九记思士不妻而感，思女不夫而孕，就证明该氏族婚姻为群婚制，男女之间没有固定性伴侣。男人以天下之女人为自己的女人，女人以天下之男人为自己的男人，所生之子只知有其母，不知有其父。

【译文】　有司幽国，帝俊生了晏龙，晏龙生了司幽，司幽生了思士，不娶妻子却生了思女，不嫁不娶。司幽国人吃黍米，也吃各种野兽的肉，役使着四种野兽。

白民国

【经文】 有白民之国。帝俊生帝鸿，帝鸿生白民，白民销姓，黍食，使四鸟：虎豹熊罴。

【注释】 白民国，《海外西经》有载："白民之国在龙鱼北，白发被身，有乘黄，其状如狐。乘之寿二千岁。"《淮南子·地形训》："白民白身，被发，发亦白。"《周书》："白民乘黄，似狐，背上有两角。"乘黄为骆驼。

【译文】 有一个白民国，帝俊生了帝鸿，帝鸿生了白民，白民国人均为销姓，以黍为主食，役使着虎、豹、熊、罴四种野兽。

黑齿国

【经文】　有黑齿之国，帝俊生黑齿，姜姓，黍食，使四鸟。

【注释】　黑齿国：东汉杨孚《异物志》记载西屠国人将牙齿染黑。其曰："西屠国在海水，以草漆齿，以白作黑，一染则历年不复变，一号黑齿。"《梁书·倭国传》曰："其（倭国）有侏儒国，人长三四尺，又南黑齿国。"《后汉书·东夷传》亦载："倭国东四千里有裸国。裸国东南有黑齿国，船行一年可到。"

【译文】　有黑齿国，帝俊生黑齿国的祖先，黑齿国人姓姜，他们以黍米为食，役使四种野兽。

天吴

【经文】　有神人，八首人面，虎身十尾，名曰天吴。

【注释】　天，甲骨文""系正面立式人形，头上口以示天，《说文》："天，颠也。至高无上，从一大。"吴，甲骨文""从口，从大，人字上突出其口，以表人说活。《说文》："吴姓也，亦郡也。一曰吴，大言也。"

【译文】　有一个神，长着八个脑袋，每个脑袋长着与人一样的脸，与老虎一样的身子，长着十条尾巴，名叫天吴。

折丹

【经文】 （有神）名曰折丹。东方曰折，来风曰俊。处东极以出入风。

【注释】 折丹：郭璞注神人。郝注："名曰折丹"上疑脱"有神"二字。郭郛注折丹可能为析丹或析。《尚书·尧典》："宅隅夷，曰阳谷……厥民析。"同名，东方之神之名，或司日月出入，山神名由神人化成，原名析或析后成名。愚意以为折丹为东夷族巫觋。

【译文】 有个神名叫折丹，来风族称其为俊，处于地东极，管理风的出入。

禺虢

【经文】 东海之渚①中，有神，人面鸟身，珥两黄蛇，践两黄蛇，名曰禺虢②。

【注释】 ①渚（zhǔ）；②虢（hào）。禺虢，为黄帝族分出支系。郭郛认为虢有豹虎勇猛之意。《说文》《玉篇》无此字。愚意禺虢人面鸟身，就戴着人形面具，身披蓑衣（防雨之用）。黄帝为熊龙部族，分支禺虢是鸟龙部族。按生为君、死为神的说法，禺虢当为部族首领兼任巫觋。

【译文】 东海的海岛上有一个神，长着人的脸，鸟的身子，耳朵上挂着两条黄蛇，足下踩着两条黄蛇，名叫禺虢。

王亥

【经文】 有困（因）民国，勾姓，而（黍）食。有人曰王亥，两手操鸟，方食其头。王亥托于有易、河伯仆牛。有易杀王亥，取仆牛。河（伯）念有易，有易潜出，为国于兽，方食之，名曰摇民。帝舜生戏，戏生摇民。

【注释】 王亥出生年月不详，夏泄十二年卒，又名振，是阏伯（契）的六世孙，冥之子，继任为商族首领。王亥子姓，名亥，或作核振、核、垓、冰、胲，王恒之兄长，为商民族第七任首领。

【译文】 有个因民国，国人姓勾，以黍为主食。有个人名叫王亥，两只手各握着一只鸟，正吃着他的头。王亥是殷商的先祖，曾经把一群肥壮的牛托寄给有易族的首领和河伯。因为王亥占有了有易族的女人，有易族杀了王亥，抢走了他的肥牛。王亥族后起兵报复，准备灭了有易族。河伯本来与有易友好，暗中帮助有易族人逃了出来，在莽莽林海中与野兽为伴，并以野兽为食，建立了国家名叫摇民国。摇民国也就是以前所说的因民国。另一种说法是帝舜生了戏（易），戏生了摇民。

五采鸟

【经文】　有五采之鸟，相乡弃沙，惟帝俊下友。帝下两坛，采鸟是司。

【注释】　五采鸟为东夷部落图腾。五采鸟也称五色鸟，别名花和尚，须䴕科。
该鸟除了绿色身体外头颈向有黄、蓝、红、黑、绿等色彩，故名五色
鸟。愚意以为上古时期，东夷族巫觋以五色鸟为图腾，并拟象扮装，
以司巫职。

【译文】　有一群五彩羽毛的鸟（巫觋），善于（相木）观日，授时（弃
沙），天帝俊与他们交朋友，并设两祭台，交于五采鸟（巫觋）
管理。

埙民国

【经文】 有埙①民之国。有綦②山。又有摇山。有䱷③山，又有门户山，又有盛山，又有待山，有五采之鸟。

【注释】 ①埙（xūn）。②綦（jī）。③䱷（zēng）。埙民国，上古时期专制陶埙之氏族。《周礼·小师》曰："埙箫管，注埙大如雁卵。"《礼说·乐令》曰："调竽笙埙篪。"《诗经》就有"伯乐吹埙，仲氏吹篪"的说法，表达和睦的手足之情。

【译文】 有一个埙民之国，附近有綦山，有遥山，有鬲曾山，又有门户山，还有盛山，还有待山，这些山上有成群的五采羽毛的鸟。

大荒南经

山海经图译

跊踢

【经文】 南海之外，赤水之西，流沙之东，有兽，左右有首，名曰跊踢。

【注释】 跊（chù）踢：郭璞注，出狄名国。黜、惕两音。毕沅注："吕氏春秋·本味篇》云：'伊尹曰肉之美者，述荡之掔。'"高诱注曰："兽名形则未闻，案即是此也。又案踢当为述荡之误，篆文辵、足相似，故乱之。"郝注："狄名，国未详所在，疑本经内，今逸也。"

【译文】 南海海外，赤水的西边，流沙的东边，有一种野兽，左右都有脑袋，名字叫跊踢。

双双

【经文】　有三青兽相并，名曰双双。

【注释】　双双：晋郭璞注："言体合为一也。"《公羊传》云："双双而俱至也。"郝注："郭璞引《宣公五年》传文也"。杨士勋疏引《旧说》云：'双双之鸟，一身二首，尾有雌雄，随便而偶，常不离散，故以喻焉。'是以双双为鸟名，与郭璞异也。"袁注双双之兽（或鸟）。《山海经注证》以为双双为三头相并的熊图腾。

【译文】　有三只青色的野兽相互并合在一起，名叫双双。

玄蛇

【经文】 有荣山，荣水出焉，黑水之南，有玄蛇，食麈。

【注释】 玄蛇：玄蛇为森蚺。《说文》："玄，黑也。"玄蛇为黑色的大蛇。郭璞注："今南山蚦蛇吞鹿，亦此类。"郝注："南山当为南方，字之讹也。"南方蚦蛇吞鹿。

【译文】 有荣山，荣水发源于此，黑水的南边有种大黑蛇，以驼鹿为食。

麈

【经文】　有荣山，荣水出焉，黑水之南，有玄蛇，食麈。

【注释】　麈即驼鹿，也称麋鹿，俗称四不像。《文选·左思蜀都赋》云："鋋旄
麈。"欧阳修《和圣俞聚蚊》曰："抱琴不暇抚，挥麈无由停。"这里指
的是麋鹿尾巴制作的拂尘。《说文》曰："麈，鹿属也，大而一角。"麈
鹿，又名大卫神父鹿，因为它头脸像马，角像鹿，颈像骆驼，尾像驴，
因此称四不像，原产于中国长江中下游沼泽地带。

【译文】　有荣山，荣水发源于此，黑水的南边有种大黑蛇，以驼鹿为食。

黄鸟

【经文】　有巫山者，西有黄鸟。帝药，八斋，黄鸟于巫山，司此玄蛇。

【注释】　黄鸟：袁注："古黄皇通用无别，黄鸟即皇鸟，盖凤凰属之鸟也。"《周书·王会篇》云："方扬以黄鸟。"郭璞《图赞》曰："赤水所注，极乎汜天，帝药八斋，越在巫山，司蛇之鸟，四达之渊。"《山海经注证》黄鸟为金雕。

【译文】　有一座巫山，它的西边有一种黄色的大鸟。黄帝采药的地方有八处在此地，黄鸟就栖息在巫山上，专门管住黑蛇以防偷药。

卵民国

【经文】　有卵民之国，其民皆生卵。

【注释】　卵民国：郭璞注："即卵生也。"郝懿行云："郭注羽民国云'卵生'是
羽郎卵生也，此又有卵民国，民皆卵生，盖别一国，郭云即卵生也，
似有成文疑此国在经中，今逸。"《山海经注证》说，女人生子坐月不
宜外出，异族以为她们在家产蛋。有人以为羽民国为东夷部落，鸟蛋、
龟蛋均是他们食物之一。该族人善于攀爬树木，掏鸟窝取蛋，人为胎
生并非卵生。说羽民国人为卵生，完全由巫觋臆造，断不可信。

【译文】　有个名卵民的国家，其国民都会掏蛋。

盈民国

【经文】　有盈民之国，於姓，黍食。又有人方食木叶。

【注释】　於（yū）。盈民国为鸟虎图腾氏族。於古音乌，为虎吼声，疑为仡佬族先祖。《仡佬族文化史》记载："兄名阿伏，妹名阿细，繁衍后代。"书中认为仡佬为大舜南迁时随同而来的氏族之一，鸟虎图腾族自称是伏羲族后裔。《穆天子传》云："虎豹为群，於鹊与处。"於姓作姓氏最早见于《汉书·景武昭宣元成功臣表》，表中记有於单。

【译文】　有个盈民国，国民都姓於，以黍为主食。也有人吃树叶。

不廷胡余

【经文】 南海渚中有神，人面，珥两青蛇，践两赤蛇，曰不廷胡余。

【注释】 不廷胡余：海岛巫祝（首领），即现在所说的船把头，出海打鱼都必须
经过巫觋举行仪式后方可进行。"不廷胡余"应为海岛氏族对巫觋的土
音或古称。海岛多蛇并不奇怪，我国沿海就有蛇岛。"人面"为人形面
具，珥两青蛇，意为挂耳饰；"践两赤蛇"，就是赤蛇捆护脚，是典型
的巫觋形象。

【译文】 南海的海岛上，有一个神，长着人的脸，耳朵上挂着两条青蛇，
脚下踩着两条红蛇，此神名叫不廷胡余。

因因乎

【经文】 《大荒南经》：有神名曰因因呼，南方曰因乎夸（来）风曰乎民，处南极出入风。

【注释】 因因乎为南海风神，实为巫师所扮，因在甲骨文卜辞中为死意，乎即"屮"在甲骨文卜辞中是呼唤命令之意《参见殷墟甲骨文词典》。《说文》："因就也，从口大。"《说文》："乎，语之余也。"愚意以为主司止风为因因呼为重叠，语气问，死死吹之意，因因呼为上古主司观测风向风速的巫祝，台风飓风均是危害渔民生命安全大患，渔民出海时，因因呼（巫师）就凭经验观测风速风向，止风止雨。举行祭天出海仪式，以保平安。

【译文】 《大荒南经》：有个神名叫因因呼，南方叫因呼，从那里吹的风叫呼处，处在大地的南极以管理风的出入。

季厘国

【经文】　有襄山。又有重阴之山。有人食兽，曰季厘。帝俊生季厘。故曰季厘之国。有缗渊，少昊生倍伐，倍伐降处缗渊。有水四方，名曰俊坛。

【注释】　季厘，郝注文公十八年《左传》云："高辛氏才子八人，有季狸。"《初学记》卷9引晋皇甫谧《帝王世纪》云："帝喾自言其名曰夋。"大荒西经云："帝俊生后稷。"由此认为高辛氏就是帝俊。袁珂也认为帝俊就是帝喾。

【译文】　有一座襄山，还有一座重阴山，有人在吃野兽，此人名叫季厘。帝俊生了季厘，因此名叫季厘国。有缗渊，少昊生了倍伐，倍伐被贬谪到下界，居住在缗渊。有座被水环绕的土台，便把它叫俊坛。

蜮民国

【经文】　有蜮①山者，有蜮民之国，桑姓，食黍，射蜮是食。有人方扞②弓射黄蛇，名曰蜮人。

【注释】　①蜮（yù）；②扞（yū）。《周礼·秋官·蝈氏》注："蝈，读为蜮。蜮，蛤蟆也。"郭郛认为蜮即蝈的古写，名蝈，即青蛙。两广民众从古至今喜食蛇类。蜮民国疑为壮族先祖，因其出土铜鼓上有蛙图形，并以蛙纽为饰物。

【译文】　有座名叫蜮山的山，附近有个蜮民国，族人姓桑，以黍为主食，同时也射蜮来吃。另一种说法，有人正挽起弓来射黄蛇，名叫蜮人，就是前面所说的蜮民。

育蛇

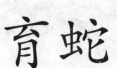

【经文】 有宋山者，有赤蛇，名曰育蛇。

【注释】 赤蛇：《中国古代动物学史》注：赤蛇为赤链蛇，体有红黑斑纹，长 1
米以上，无毒，蛇游蛇科，形状令人畏惧，分布于东亚各地。《山海经
注证》中注宋山在广西和贵州交界的苗岭。

【译文】 有座宋山，山上产有一种红蛇，叫做育蛇。

祖状之尸

【经文】　有人方齿虎尾，名曰祖状之尸。

【注释】　祖状之尸：郭璞《图赞》注："音如祖梨之祖。"甲骨文"且"就是祖，意为男性生殖器。在广西邕州出土一长形圆头大方齿面具，疑为巫祝面具。历代文物中也出现过石祖、铜祖、木祖等生殖器器形，为巫祝之法器。巫祝的十六项职能中的一项"房中"，即祈求多子多孙而进行的祭祀。尸在《说文》中解释为代人受祭之人，即巫祝。愚意以为祖状之尸，为手持铜祖、面带方齿面具、腰系虎皮尾巴的巫祝实施房中术的巫法，意在祈求族群人丁兴旺。

【译文】　有个人长着方方的牙齿，老虎的尾巴，名叫祖状之尸。

焦侥国

【经文】 有小人，名曰焦侥之国，幾姓，嘉谷是食。

【注释】 焦侥国：郭璞认为焦侥国小人长三尺。

【译文】 有个由小人组成的国家，叫作焦侥国，姓幾，吃上等的五谷。

张弘国

【经文】　有人曰张弘，在海上捕鱼。海中有张弘之国，食鱼，使四鸟。

【注释】　张弘之国：郭璞注："或曰即奇肱人，疑非。"毕注："宏当为厶，古肱字。"毕本弘作宏。张弘国疑为南海捕鱼氏族，崇拜图腾疑为海鸥之类。有一种说法"使四鸟"为巫语，在夏代各族均按巫觋指示，依据崇拜图腾列入战斗阵列。如崇拜虎图腾列入虎阵，崇拜鸟图腾列入鸟阵，还要依据颜色的不同进行列阵。

【译文】　有个人名叫张弘，正在海面上捕鱼。海中有张弘之国，食鱼，役使四鸟。

羲和浴日

【经文】 东南海之外，甘水之间，有羲和之国。有女子名曰羲和，方浴日于甘渊。羲和者，帝俊之妻，生十日。

【注释】 羲和：古天文官名。《史记·五帝本记》曰："乃命羲和……申命羲叔居南交（交州），……以正仲夏。"《归藏》《启筮》："乃有夫羲和，是立日月，职出入，以为晦明。"又曰："瞻彼上天，一明一晦。有夫羲和之子，出于旸谷。"《淮南子·本经训》："尧时十日并出……尧乃使羿……上射十日……"。可能是合并十人值日为羲、和二族轮流值日。到了夏代，羲氏和氏合为一官。仲康时羲和废职，久荒于邑，未能预报出日蚀，胤承王命诛之。（见《尚书·胤征》），由此羲、和二族遭受重大打击，到夏代仍通行十月历。

【译文】 在东南海之外，甘水河之间，有个羲和国。那里有个女子名叫羲和。在甘渊中为太阳洗浴。羲和是帝舜的妻子，她生了十个太阳。

486

菌人

【经文】　有小人，名曰菌人。

【注释】　菌人，郭璞注：“音如朝菌之菌。”袁注《太平广记》卷 428 引《博物志》逸文云：“西北荒中有小人，长一寸⋯⋯”据《新唐书·南蛮传》：“名菎⋯⋯其人短小。”此处指交州南方身体很小的氏族。《尔雅》载：“中馗菌，物通人性，大者名中（钟）馗，小者名菌，其小为细微心亦辛乃巫蛊者。”

【译文】　有小矮人，名叫菌人。

大荒西经

——山海经图译——

女娲

【经文】　有神十人，名曰女娲之肠，化为神，处栗广之野，横道而处。

【注释】　女娲：郭璞注："女娲，古神女而帝者，人面蛇身，一日中七十
变……"《说文》云："娲，古之神圣女，化万物者也。"《世本》云：
"涂山氏女，名女娲。"《淮南子·说林训》云："女娲七十化也。"《楚
辞·天问》云："女娲有体，孰制匠之。"又云："女娲造人，神化
有二。"

【译文】　有十个神人，名叫女娲肠，传说是由女娲的肠子化成神的，住
在栗广的原野上，横截了道路居住在那里。

石夷

【经文】 有人名曰石夷，来风曰韦，处西北隅以司日月长短。

【注释】 石夷：《淮南子》卷12作石乙。石夷为四方神之一的西方之神，石夷处西北隅，以司日月之长短。郝懿行注："西北隅为日所不到，然其流光余景，亦有晷度短长，故应主司之者也。"来风曰韦，韦字在《说文》中意为煮熟后的兽皮，被割成条状，以测风向。

【译文】 有个人名叫石夷，从那里吹来的风叫韦，位于大地的西北角，在那里掌管太阳和月亮运行的长短。

狂鸟

【经文】 有五采之鸟，有冠，名曰狂鸟。

【注释】 狂鸟：《尔雅·释鸟》云："狂，猛鸟，即此也。"郝注："《玉篇》作
鵟。"袁注："凤凰之属也。"已见《海外西经》灭蒙鸟节注。《中国古
代神物学史》注"狂"作"鵟"，鹰科，体长50～60厘米，飞时尾不分
叉，以田鼠类为食，在中国东北一带及俄罗斯西伯利亚地区繁殖，冬
季迁往长江以南地区越冬。愚意狂鸟就是鵟鸟。

【译文】 有一种五彩羽毛的鸟，鸟首有冠，名叫狂鸟。

北狄之国

【经文】　有北狄之国，黄帝之孙曰始均，始均生北狄。

【注释】　北狄：北狄的称谓最早始于周代。周人自称华夏，便把华夏周围的族人，分称为东夷、南蛮、西戎、北狄，以区别华夏。北狄是古代华夏人对北方草原民族的统称，也称"翟"，而非他们自称。

【译文】　有个北狄国，黄帝的孙子名叫始均，始均生了北狄的祖先。

太子长琴

【经文】 有芒山，有桂山，有榣山。其上有人，号曰太子长琴。颛顼生老童，老童生祝融，祝融生太子长琴，是处榣山，始作乐风。

【注释】 太子长琴：郭璞《图赞》："祝融光照，子号长琴。骓山是处，创乐理音。"传说太子长琴精于乐道，能使五色鸟舞于庭中。《左传》记载："有五采鸟三名。一曰皇鸟，一曰鸾鸟，一曰凤鸟，见琴则舞。"太子长琴是颛顼的后裔，祝融之子，其祖父为老童，也就是《西次三经》神耆童，他是古巫乐的创造者。

【译文】 有个芒山，有个桂山，还有个榣山。山上有个人名叫太子长琴。颛顼生了老童，老童生了祝融，祝融生了太子长琴。他便住在榣山上，创制出各种乐器来。

灵山(十巫)

【经文】 有灵山，巫咸、巫即、巫盼^①、巫彭、巫姑、巫真、巫礼、巫抵、巫谢、巫罗十巫，从此升降，百药爰^②在。

【注释】 ①盼（bān，fén）。②爰（yuán）。十巫之一巫咸，生于公元前 1638，卒于公元前 1563 年，江苏常熟人。甲骨文巫咸写作咸戌，擅长卜星术，用筮占卜的创始者，是神权统治的代表人物。

十巫之二巫彭，《说文解文》释"医"云："古者巫彭初作医。段注：此出《世本》"巫彭始作治医工"。巫医就是中医的前身，医人是巫觋十六项职能之一。

巫盼，郝懿行《山海经笺疏》认为巫盼即六巫中的巫凡，盼与凡音近，认为巫盼为巴人廪君先祖。

巫礼，郝懿行认为巫礼为六巫中的巫履。《说文解字》："礼，履也，所以祀神、致福也。"其司职主要在巫教中祭祀礼仪。

　　巫谢，郝懿行认为"谢、相一音之转"，巫谢即六巫中的巫相，也是巴人廪君部落五姓之一。相氏，相有观测臬表，以授天时之意，巫谢即主司天相之巫。

．　　巫姑，传说巫姑为巫溪盐水女神（见邓显皇《三峡盐文化初探》。巫真，有学者认为巴子"五姓"中的郑氏出自巫真，"真"与"郑"同音。

　　巫罗：《世本·世族》："罗，熊姓。"云祝融之后。徐中舒先生《论巴蜀文化》认为罗姓为巴郡板楯蛮"七姓"之首，皆大姓，是后世巴族的酋长。

　　巫即和巫抵皆巫或神医，但史无记载。愚意以为十巫分别代表不同族群的首领（也称巫）。上古时政教合一，十巫也有治病救人的职责，他们经常去神农架地区采药治病救人。

【译文】　有一座灵山，巫咸、巫即、巫肦、巫彭、巫姑、巫真、巫礼、巫抵、巫谢、巫罗等十姓巫觋，从此上天入地采药，各种各样的药物都生长在这里。

鸣鸟

【经文】　有弇州之山，五采之鸟仰天，名曰鸣鸟，爰有百乐歌儛之风。

【注释】　鸣鸟的第一种说法指凤凰。《书君奭》："苟造德弗降，我则鸣鸟不闻。"孙星衍注引马融曰："鸣鸟，谓凤凰属也。"《六朝文絜卷四·任昉〈天监三年策秀才文〉》："鸣鸟蔑闻，〈子衿〉不作"。吕延济注："鸣鸟，凤也。"第二种说法指鸣啼的鸟。第三种说法为鸷。郭郛《山海经注证》引《国语·周语》云："周之兴也，鸷鸷鸣于岐山。"袁注：即猛鸟。《中国古代动物学史·山海经·鸟》释为白眼鸷鹰。

【译文】　有座弇州山，山上有五彩羽毛的鸟，仰天鸣叫，名叫鸣鸟，于是那里便有了演奏各种各样乐曲和歌舞风气。

弇兹

【经文】　西海陼①中，有神，人面鸟身，珥两青蛇，践两赤蛇，名曰弇兹②。

【注释】　①陼（zhǔ）；②弇（yǎn）兹：《图赞》曰："弇兹之灵，人颊鸟躬，鼓翅海峙，翩飞云中。"弇兹为上古时期西海（今青海）母系民族，首领兼神巫被称为中华老祖母，是"风"姓的始祖。她在三万年前就发明了树皮搓绳技术，单股的绳称作"玄"，两股合成的称为"兹"，三股合成的称为"索"，又作"素"，后人尊称为女帝，又称玄女、玄素、王素、素女、须女、帝弇兹。

【译文】　西海的海岛上，有一个神，长着人的脸，鸟的身子，耳朵上挂两条青蛇，脚下踩着两条红蛇，名叫弇兹。

嘘

【经文】 大荒之中，有山名日月山，天枢也。吴姖①天门，日月所入。有神人面无臂，两足反属于头山（上）名曰嘘②。

【注释】 ①姖（jù）：山名。②嘘：郭璞注："言嘘啼也。"此四字王念孙校音作嘻，实当为"音嘻，啼也。"嘘为西域胡巫，主司以臬表测日月，以授天时。每到一定时辰，嘘就会大声唱词。所谓人面无臂，就是巫觋以身体充作臬表，这是在重大仪式上的扮装形象，也就是"代表"。"两足反属于山上"，为测光影之规矩尺。古人云日落西山，意喻白日的结束，月夜的到来。男巫值日的职责结束，女巫开始月夜的值守。

【译文】 大荒当中，有座山名叫日月山，是天的枢纽。吴姖天门山是太阳和月亮下去的地方。有一个神长着人的脸，没有胳膊，两只脚反转过来，架在头顶上，名叫嘘。

天虞

【经文】 有人反臂，名曰天虞。

【注释】 天虞：郭璞注："即尸虞也。"徐注天虞为古氏族名。南山经有天虞山。郭郭说虞是虎图腾神。郝懿行注："尸虞未见所出，据郭注当有成文，疑在经内，今逸。"虞字的象形是戴虎头帽，大声喊叫的猎人，目的是将猎物赶到陷井或罗网中。古代掌管山林事务的巫觋称为虞，亦称为虞人。

【译文】 有个人两条臂膊反转朝后生长，名叫天虞。

常羲浴月

【经文】　有女子方浴月，帝俊妻常羲，生十有二，此始浴之。

【注释】　常羲：常娥的原型。《史记·五帝纪》云："帝喾娶娵訾氏女。"索引引
皇甫谧云："女名常仪也。"今案常仪即常羲，羲、仪音近。《吕氏春
秋·勿躬篇》云："常仪作占月。"常羲应为帝俊之妻。"生月十二"并
非生了十二个月亮，而是常羲根据月行规律将年分为十二个月（也称
十二月太阳历）。

【译文】　有女子正在那里替月亮洗澡，帝俊的妻子常羲生了十二个月亮
后，这才开始给他们洗澡。

五色鸟

【经文】　有玄丹之山。有五色之鸟，人面有发。爰有青鸯、黄鹜、青鸟、黄鸟，其所集者其国亡。

【注释】　五色之鸟：应为人扮鸟形，为鸟神图腾。袁注此"人面有发"之五色鸟，即下文"青鸯、黄鹜"之类，青鸯为鸡。《类篇》："鸡：鹑。"郭郛认为鸯鸟为鹊鹩，黄鹜为黄爪隼，黄鸟为金雕。以上均为五色鸟，意喻五个崇拜鸟图腾的民族。中原民族巫觋把中原以外的民族贬称为夷，把拜鸟部落称为"鸟夷"。

【译文】　有座山名叫玄丹山。山上有五采鸟，长着人的面孔，头上有毛发，乃有青鸯（鹊鹩）、黄鹜（黄爪隼），青鸟（鸯鸟）、黄鸟（金雕）等族，如果他们合力集中攻击敌手，就可以致敌国灭亡。

屏蓬

【经文】　有兽，左右有首，名曰屏蓬。

【注释】　屏蓬：郭璞注："即并封也，语有轻重耳。"郝注海外西经云："并封前后有首，此经云左右有首，又似非一物也。"袁注郭（璞）曰："屏蓬即并封也，或前后，或左右有首者，皆兽牝牡相合之象。"郭郛注此是猪图腾，缝合时猪尸在胸腹部缝成，故左右有首。

【译文】　有一种野兽，左边右边都长有脑袋，名叫屏蓬。

白鸟

【经文】　有白鸟，青翼，黄尾，玄喙。

【注释】　白鸟：晋郭璞注为奇鸟。郭郭注此系鸟图腾，由有色羽毛配成。武汉大学动物馆唐兆子教授认为"白鸟"特征与"夜鹭"近似，其毛为灰白色，青黑色的一双翅膀，黑色的长喙，"黄尾"疑为黄色双脚。夜鹭为水禽，别名黑冠夜鹭、水洼子、苍鹛、夜鹤等。

【译文】　有一种白颜色的鸟，青色的翅膀，黄色的尾巴，黑色的嘴。

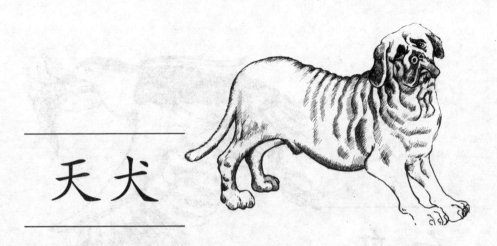

天犬

【经文】　有赤犬，名曰天犬，其所下者有兵。

【注释】　天犬：郭璞注《周书》云："天狗所止地尽倾，余光烛天为流星，长数十丈，其疾如风，其声如雷，其光如电。"这是指的天文现象"日食"，古称"天狗吞日"。郝注："天犬，名天犬，此至兽名。"《汉书·天文志》云："天狗，状如大奔星，有声，其下止地类狗。所坠及炎火，望之如火光，炎炎中天，其下圜如数顷田处，上兑者则有黄色千里破军杀将。"《山海经注证》认为天狗就是藏獒，意为高原之犬。

【译文】　有一种红色的狗，名叫天犬，它们下来必有兵灾。

人面虎身神

【经文】 西海之南，流沙之滨，赤水之后，黑水之前，有大山名曰昆仑
之丘。有神，人面虎身，有文有尾，皆白，处之。

【注释】 郝注："人面虎身神，案神人陆吾也，其状虎身九尾，人面虎爪，同昆
仑者，已见《西次三经》。"《山海经注证》认为该族为虎图腾，披虎
皮，露虎尾。"皆白"，强调白色，可能为白虎氏族。崇尚白色，如穿
雪豹皮、羊皮，皆雪山同色。白色对于氐羌民族来说是吉祥颜色，如
白色的"哈达"。

【译文】 西海南岸，流沙的边缘，赤水的后面，黑水的前面有座大山，
名叫昆仑山。有个神，长着人的脸，老虎的身子，花斑尾巴，
都呈白色，它就住在这里。

寿麻

【经文】 有寿麻之国。南岳娶州山女，名曰女虔。女虔生季格，季格生寿麻。寿麻正立无景，疾呼无响。爰有大暑，不可以往。

【注释】 寿麻国：《吕氏春秋·任数篇》："西服寿靡，北怀阏耳。"高诱注云："西极之国。""靡"亦作麻。郭郛《山海经注证》云寿麻之国，在南或在西，依经文意当在南岳帕米尔高原的南面。"立正无影"的地区，应在赤道附近。"大暑"，气候大热，疑其是印度半岛的锡兰，也就是今天的斯里兰卡。

【译文】 有一个寿麻国。南岳娶了州山的女儿，名叫女虔。女虔生了季格，季格又生了寿麻。寿麻笔直地站在太阳底却看不到影子，大声疾呼，四边八方没有回声。这个国家热得可怕，人不能到那里去。

夏耕尸

【经文】 有人无首，操戈盾立，名曰夏耕之尸。故成汤伐夏桀于章山，克之，斩耕厥前。耕既立，无首，走厥咎，乃降于巫山。

【注释】 夏耕是夏朝最后一任帝王夏桀的部将，负责镇守章山，商汤代夏时被砍了头。传说夏耕灵魂不死，逃到了巫山，成了夏耕尸，没有头颅，但仍然手执盾戈矗立不倒，体现了一种宁死不屈的精神。

【译文】 有一个人没有脑袋，拿着一把戈和一面盾站在那里，它的名字叫夏耕尸。原来商汤王在章山攻伐夏桀，战败了夏桀，把夏耕斩首在他的面前。战后，夏耕站立起来发现自己没了脑袋，想避罪责，于是便逃窜到巫山隐藏起来。

三面人

【经文】　有人焉，三面，是颛顼之子，三面一臂，三面之人不死，是谓大荒之野。

【注释】　三面人：即头戴三个面具的巫觋。《图赞》："禀形一躯，气有存变，长体有益，无若三面，不劳倾睇，可以并见。"《吕氏春秋·求人篇》："禹西至一臂、三面之乡。"今青海省黄南藏族自治州同仁县浪加村祭山神，巫觋将主面具（阿米拉日）两侧分别捓上五山神和蛇王面具。藏族服装也只露一臂，所谓"三面之人"不死，就是"长存之意"。

【译文】　有一个人长着三张脸，是颛顼的后代，三张脸一条胳膊，三张脸的人永远不会死，这里就叫大荒野。

夏后开

【经文】 西南海之外，赤水之南，流沙之西，有人珥两青蛇，乘两龙，名曰夏后开。开上三嫔于天，得《九辩》与《九歌》以下，此天穆之野，高二千仞，开焉得始歌《九招》。

【注释】 夏后开就是夏后启，袁注汉人避景帝（刘启）讳改。《九歌》《九辩》都是夏代乐曲名称，夏代巫乐师吸收巴蜀巫乐的特点，自成一体。《九招》为巫舞，为祭祀跳神之用。《竹书纪年》曰："夏后开舞《九招》也。"夏后开为大巫，带头跳为职责所系。

【译文】 西南海海外，赤水的南边，流沙的西边，有一个人耳朵上挂着两条青蛇，驾着两条龙，他的名字叫夏后启。夏启王三次上天做客，偷窃到天乐《九辩》和《九歌》后就下到人间，在这高达一千六百丈的天穆高原上，夏启王就把得来的天乐制造一番成为《九招》，在这里开始演奏歌唱起来。

互人

【经文】 有互（氏）人之国。炎帝之孙名曰灵恝[1]，灵恝生互（氏）人[2]，是能上下于天。

【注释】 [1]恝（jiá）；[2]互人：互人就是氏人。郭璞注："人面鱼身。"人面应指人形面具，鱼身应指浑身纹有鱼形图案。纹身是典型的氏人巫觋形象。郝注："互人即海内南经的氏人国，氏、互二字盖以形而讹。以俗'氏'正作互字也。"《周官·鳖人》曰："掌取互物，是互物即鱼鳖之通名。国名互人，岂以其人面鱼身欤？"郭郛注互人即氏人。氏是养大尾羊的氏族。愚意以为互人为氏人的一支，主司贸易互换，是最古老的商人，他们以物易物换取生活用品。"互"字意为两手相握，交易时上盖羊皮，不用言语，心领神会，价格在手摸手中谈妥。

【译文】 有个互人国。炎帝的孙子名叫灵恝，灵恝生了互人。互人能来往于天地之间。

鱼妇

【经文】　有鱼偏枯，名曰鱼妇。颛顼死而复苏。风道北来，天乃大水泉，蛇乃化为鱼，是为鱼妇。颛顼死即复苏。

【注释】　鱼妇也称鱼腹、鱼复，为古蜀鱼凫国。鱼凫氏是古蜀国五代蜀王中继蚕丛、柏灌之后的第三个氏族。《读史方舆纪要》云："四川彭山县，鱼凫山在县东北二里，或曰鱼凫津也。《四川通志·舆地》：南溪县鱼符津，在县北三十里。"

【译文】　有一种鱼，一半是人形，一半是鱼体，名叫鱼妇。据说是颛顼死而复苏变化成的。适逢风从北方吹来，泉水得风涌溢而出，蛇变成鱼。死去的颛顼趁蛇鱼变化未定时候，托体鱼躯，死而复苏。

鸀鸟

【经文】　有青鸟，身黄、赤足、六首，名曰鸀鸟。

【注释】　鸀（zhǔ）。郭郛注《中国古代动物学史·山海经·鸟》："䴅同鸀古音
chù，山鸟，山鸦，即树鸟，鸦科，现音 zhǔ。"关于䴅六首，郭郛认为
是鸟头迅速转动产生的重影。愚意以为"六"为巫数"小"之意，为
小头，非六个脑袋。

【译文】　有一种青鸟，身子是黄色的，脚爪是红色的，名叫鸀鸟。

大荒北经

山 海 经 图 译

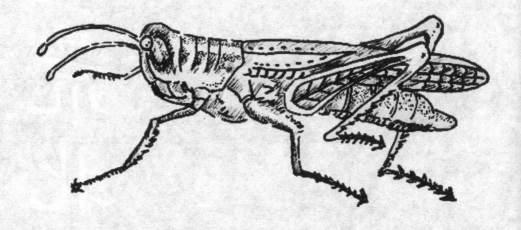

蜚蛭

【经文】　有肃慎之国，有蜚蛭，四翼。

【注释】　蜚蛭（fēi zhì）：蜚蛭，郭璞注："翡室两音"。郝注："《上林赋》云'蛭蜩蠼猱'，司马彪注引此经蜚作飞。"郭郛《中国古代动物学史》注："鸮同鸮，雕鸮，鸱鸮科，大型雕鸮，体长0.7米，以啮齿动物如鼠、兔等为食。夜里活动，耳羽发达，生活在东北各地。"

【译文】　有个肃慎国，国中树上有一种动物，名蜚蛭，它长着四只翅膀。

琴虫

【经文】　有肃慎之国，有虫，兽首蛇身，名曰琴虫。

【注释】　琴虫：郭璞注亦蛇类也。郝注："南山人以虫为蛇，见《海外南经》。"《山海经注证》注为黑脊蛇。黑脊蛇无毒性，体细长，呈圆柱形，背部正中有黑带，宛如琴弦。愚意以为兽首蛇身是复合图腾。

【译文】　有个肃慎国，产有一种虫，它长着兽头蛇身，名叫琴虫。

叔歜国(猎猎)

【经文】 有叔歜①国，颛顼之子，黍食，使四鸟：虎、豹、熊、罴。有黑虫如熊状，名曰猎②猎。

【注释】 ①歜（chù）；②猎（xī）。叔歜，郭璞注："音作感反，一音触。"马注："前有淑士国，此叔同淑？"郭郛注："马氏注可考虑，因颛顼后代很多。"《史记·五帝本纪》言高阳氏有个有作为的氏族"叔达"，此一氏族名叔歜，叔也有长幼次序的含意，伯、仲、叔、季是兄弟行辈长幼次序，叔是排行老三。

【译文】 有个国家叫叔歜国，是颛顼的后代，他们以五谷为食，能役使四兽：虎、豹、熊、罴，还有一种黑色的大虫，样子像熊，名叫猎猎。

518

儋耳国

【经文】　有儋耳之国，任姓，禺号子，食谷。

【注释】　儋（dān）耳国：郭璞注："儋耳，其人耳大下儋，垂在肩上，朱崖儋耳镂画其耳，亦以放之也。"毕注此似《海外北经》聂耳国，《淮南子》作耽耳，《博物志》作檐耳皆儋耳之异文也，儋依字当为瞻，见《说文》。《吕氏春秋·任数篇》曰："北怀儋耳"，高诱注云："北极之国，正谓此也。其南瞻耳。"

【译文】　有个儋耳国，族民姓任，是禺号的后代。他们以上好的谷物为食。

禺彊

【经文】　北海之渚中，有神，人面鸟身，珥两青蛇，践两赤蛇，名禺彊。

【注释】　禺彊：《大荒东经》云："禺貌，耳两青蛇，践两黄蛇。"与此经异。《列子·汤问篇》云："帝命禺彊使巨鳌十五，举首而戴五山。"

【译文】　在北海的一个大沙洲上，有个神，长着人头鸟身，耳朵垂两条青蛇，脚下踩两条红蛇，名叫禺彊。

九凤

【经文】　大荒之中，有山名北极天柜之山，海水北注焉。有神，九首，人面，鸟身，名曰九凤。

【注释】　九凤：郭璞《图赞》云："奇鸧九头。"即此也。《山海经注证》说北极天柜山可能是俄罗斯西伯利亚的上扬斯克。湖北人有九头鸟的称谓。湖北地域楚人有崇凤的习俗。俄罗斯出土了九头鸟冠的文物，说明上古时期塞人部落首领（巫觋）佩戴九首鸟冠。

【译文】　在大荒之中，有座山名叫北极天柜山，海水北流而入此山中。有个神长着九颗脑袋，人的面部，鸟的身体，她的名字叫九凤。

彊良

【经文】 大荒之中，有山名曰北极天柜，海水北注焉。又有神，衔蛇操蛇，其状虎首，人身，四蹄，长肘，名曰彊良。

【注释】 彊良：郝注《后汉书・礼仪志》云："强梁、祖明共食磔死（以石击死）寄生。疑强梁即强良，古字通也。"古图其绘制形象为御蛇操蛇，其状虎首人身，四蹄长肘，这是典型的草原民族骑马形象，口衔皮鞭，手握皮缰绳，头戴虎皮帽，手持套马杆，马上奔驰，疑为东胡人。

【译文】 在大荒之中，有座山名叫北极天柜山，海水北流而进入此山。又有一个神，口中衔蛇，手中操蛇，长得头像老虎，身子像人，有四只蹄，肘部很长，名叫彊良。

黄帝女魃

【经文】 有系昆之山者，有共工之台，射者不敢北乡①。有人衣青衣，名曰黄帝女魃（妭）②。蚩尤作兵伐黄帝，黄帝乃令应龙攻之冀州之野。应龙畜水，蚩尤请风伯雨师，纵大风雨。黄帝乃下天女曰魃（妭），雨止，遂杀蚩尤。（魃）不得复上，所居不雨。叔均言之帝，后置之赤水之北。叔均乃为田祖。魃（妭）时亡之，所欲逐之者，令曰"神北行。"先除水道，决通沟渎。

【注释】 ①乡（xiàng）：通向、方向之意。②妭（bá）。女魃，上古黄帝时期女巫，主司请风止雨之职。女魃，郭璞："注音如旱妭之魃。"郝注《玉篇》引《文字指归》曰："女魃秃无发，所居之处，天不雨也。"李贤注《后汉书·张衡传》引此经作妭云："妭亦魃也。"魃，郭郭注是黄帝和炎帝——蚩尤大战中的图腾族之一。据《史记·五帝本纪》，黄帝教熊、罴、貔、貅、貙、虎，以与炎帝战于阪泉之野。黄帝是黑熊图腾族，罴是棕熊图腾族，貔是雪豹图腾族，貅是猞猁图腾族，貙是豹图腾，虎是虎图腾族，他们联合起来和牛图腾的炎帝在今北京平谷——怀来大战一场。魃就是虎图腾族的首领，《说文》：妭为"美女"之意。愚意以为魃为北方草原民族首领兼巫觋，也称胡巫。魃为鬼族的一支。鬼族也称魂族，为匈奴的先祖。

【译文】　有座系昆山，附近有共工台，射箭的人由于畏惧共工之灵而不敢向北射。那里有个穿青衣的女子，名叫黄帝女魃。先是蚩尤兴兵讨伐黄帝，黄帝便命应龙到冀州的野外进攻蚩尤。应龙能积蓄水，蚩尤便请来风伯、雨师，放纵狂风暴雨。黄帝又派了名叫魃的天女作法，雨骤然而止，于是就杀死了蚩尤。魃却不能重登天台，所在地域常年不下雨。（至今华北多旱）叔均便将此事报告给黄帝，黄帝便将女魃调到赤水以北的偏远之处。叔均成了农耕之神。女魃经常不见踪影，所以要将她赶走，命令说："（魃）神快回赤水之北。"叔均带领人们兴修水利，挖通沟渠。

蚩尤

【经文】　有系昆之山者，有共工之台，射者不敢北乡。有人衣青衣，名曰黄帝女魃（妭）。蚩尤作兵伐黄帝，黄帝乃令应龙攻之冀州之野。应龙畜水，蚩尤请风伯雨师，纵大风雨。黄帝乃下天女曰魃（妭），雨止，遂杀蚩尤。魃（妭）不得复上，所居不雨。叔均言之帝，后置于赤水之北。叔均乃为田祖。魃（妭）时亡之，所欲逐之者，令曰"神北行"。先除水道，决通沟渎。

【注释】　蚩为他称，为贬词，《释名》曰："蚩，痴也。"《说文解字》释为虫。《六书正伪》曰："凡无知者皆以蚩名之。""尤"为部落名，尤作由，意为农。杨慎《丹铅录》云："由与农通。"《韩诗外传》云："东西耕曰横，南北耕曰由。""蚩尤"称呼是中原民族对九黎部落首领的贬称。

　　蚩尤，上古时代九黎部落酋长。《初学记》卷九引《归藏·启筮》云："蚩尤出自羊水，八肱八趾疏首，登九淖以伐空桑，黄帝杀之于青丘。"《龙鱼河图》云："蚩尤兄弟八十一人，并兽身人语，铜头铁额，食沙石子。"《述异记》云："蚩尤食铁石，人身牛蹄，四目六手，耳鬓如剑戟，头有角。"古代典籍描写黄帝与蚩尤作战的场景归纳有三种，第一种见于《史记·五帝本纪》，即黄帝在阪泉之战中战胜炎帝后蚩尤作乱，黄帝又在涿鹿之战中击败蚩尤，从而巩固天子之位。第二种见于《逸周书·尝麦篇》，即蚩尤驱逐炎帝，炎帝诉求黄帝，二帝联手杀蚩尤于中原。第三种说法就是见于本经，即蚩尤作兵伐黄帝，黄帝令应龙迎战，双方在翼州之野大战，蚩尤兵败被杀。愚意以为尽管说法各异，但黄帝与蚩尤之战是肯定的。黄帝依靠女魃、北方草原民族应龙部落及众多中原部落的帮助，打败蚩尤所率的九黎部落，并杀死蚩尤。苗族人普遍视蚩尤为先祖，把蚩尤奉为"枫神"祭拜。黄帝及后代帝王把蚩尤奉为"兵主"，视为战神。

【译文】　　有座系昆山，附近有共工台，射箭的人由于畏惧共工之灵而不敢向北而射。那里有个穿青衣的女子，名叫黄帝女魃。先是蚩尤兴兵讨伐黄帝，黄帝便命应龙到翼州的野外进攻蚩尤的部队。应龙能积蓄水，蚩尤便请来风伯、雨师，放纵狂风暴雨。黄帝便使派了名叫魃的天女作法，雨骤然而止，迅速地杀死了蚩尤。魃却不能重登天台，所在地域常年不下雨。叔均便将此事报告给黄帝，黄帝便将女魃调到赤水以北的偏远之处。叔均成了耕种之神。女魃经常不见踪影，所以要将她赶走，命令说："（魃）神快回赤水之北。"叔均带领人们先清除水道，挖通沟渠。

犬戎

【经文】 大荒之中，有山，名曰融父山，顺水入焉。有人名犬戎。黄帝生苗龙，苗龙生融吾，融吾生弄明，弄明生白犬，白犬有牝牡，是为犬戎，肉食。

【注释】 犬戎：郭郛认为犬戎名字是由两种家养动物而组成的双名制的氏族。犬为狗，戎为羊。犬戎为戎人的一支，即畎戎，又称畎夷、犬夷、昆夷、绲夷。《左传·闵公二年》："虢公败犬戎于渭汭。"杜预注："犬戎，西戎别在中国者。"《国语·周语上》："穆王将征犬戎。"《史记·宗微子世家》："周幽王为犬戎所杀，秦始列为诸侯。"

【译文】 在大荒之中，有座山，名叫融父山，顺水从这里流入。那里有种人名叫犬戎。黄帝的后代是苗龙，苗龙的后代是融吾，融吾的后代是弄明，弄明的后代为白犬，白犬分雌雄，相互结合，便是犬戎，以肉为食。

戎宣王尸

【经文】 有赤兽，马状无首，名曰戎宣王尸。

【注释】 戎宣王尸：郭璞注："犬戎之神名也。"袁注："犬戎神话盖盘瓠神话之异闻，详海内北经犬封国节注。"此一神话又与海内经所记"黄帝生骆明，骆明生白马，白马是为鲧"有关。或亦同一神话之分化。此经"马状无首，名曰戎宣王尸"，是犬戎之神，其遭刑戮之称呼，不可知。郭郛《山海经注证》注此是犬戎族首领。戎宣王所使用的马，赤色，因某种原因死亡，割去头而作成干尸。

【译文】 有一种红色的野兽，样子像马却无头。名叫戎宣王尸。

威姓少昊

【经文】　有人一目，当面中生。一曰是威姓，少昊之子，食黍。

【注释】　威姓少昊：威姓为少昊之子，食黍粮。郝注《晋语》云："青阳与夷鼓
　　　　　皆为己姓，青阳即少昊。少昊是己姓。此云威，己、威相转。"袁注，
　　　　　海内经有鬼国，亦即此。郭璞注少昊氏是鸟图腾族，大都以鸟为姓，
　　　　　如子、鹰，此姓威是少昊族的子孙辈。

【译文】　有一种人，在面孔当中长一只眼睛。有人说他们姓威，是少昊
　　　　　的后代，以黍谷为食。

苗民

【经文】　西北海外，黑水之北，有人有翼，名曰苗民。颛顼生骧头，骧头生苗民。苗民厘姓，食肉。有山曰章山。

【注释】　苗民：也称三苗。郭璞注："三苗之民。"郝注："三苗国已见海外南经。"郭璞注："昔尧以天下让舜，三苗之君非之，帝杀之。有苗之民叛入南海，为三苗国。"徐注："今之苗族就是三苗的同族。苗族奉盘瓠为先祖。"《后汉书·南蛮传》："……盘瓠死后，其后滋蔓，号曰蛮夷，今长沙武陵蛮是也。"就是在湖南湘西一带。

【译文】　在西北海外，黑水河的北面，有种人身上长有羽翼，名叫苗民。颛顼的后代为骧头，骧头生苗民。苗民姓厘（xī），以肉为食。苗民国有座山名叫章山。

532

烛龙

【经文】　西北海之外，赤水之北，有章尾山。有神，人面蛇身而赤，（身长千里）。直目正乘，其瞑乃晦，其视乃明。不食不寝不息，风雨是谒。是烛九阴，是谓烛龙。

【注释】　烛字本意最初可能指大火或龙星。烛龙又名烛阴。屈原《天问》"日安不到？烛龙何照？"意为为什么太阳照不到那里？烛龙为什么发出光明。《淮南子·地形篇》："烛龙在雁门北，蔽与委羽之山，不见日。其神人面龙身而无足。"关于烛龙的原型有三说。其一烛龙即太阳说。清人俞正燮发明其说，其《癸巳存稿·烛龙》备引古书烛龙之文，认为烛龙即日之名。其二，烛龙即火烛说。姜亮夫《楚辞通故·烛龙》所据材料全抄自俞氏，但其说却大相径庭。他认为烛龙即祝融，是音转，烛龙传说即"祝融传说之分化"。又谓："古人束草为烛，修然而长，以光为热，远谢日力，而形则似于龙。龙者，古之神物，曰烛龙。"其三，烛龙为开辟神。袁珂《山海经校注》把烛龙与开天辟地的盘古等同起来，并持此说者，谓此神当即原始的开辟神。愚意以为第二说较为有理。上古时期巫觋（火正）掌管火种，在举行仪式钻木取火后，将涂有动物膏脂的草束点然起来，并每户进行火种传递，从这个山头传到那个山头，延绵很远，在黑夜中这些火烛就像一条火龙一样。火烛在每户门前点燃，有驱逐野兽的功效。

【译文】　在西北海之外，赤水以北，有座山叫章尾山。山上有个神，长得人面蛇身，全身通红，身体可长达千里。它双眼眯成一条缝，它一闭眼天下便是黑夜，它一睁眼天下便是白天。它不吃不睡，也不知休息，只以风雨为其食物。它能照亮一切幽暗阴深之处，这便是烛龙。

善卷

【经文】　舜欲灭苗，相约善卷盟会。舜伪举善卷为首，蓄意杀之。卷识
其伪，率族急退武陵，止兵教化，休养生息。

【注释】　善卷：舜时人，三苗族首领。传说大舜曾举荐善卷为帝，善卷认为大
舜假借会盟，实图杀之，故推托不就。后舜欲灭掉三苗，善卷不得已
率三苗部落退居武陵山区，停止战争，休养生息，教化苗民。本条目
系著者仿写。如果说蚩尤是战争之神，那善卷即为和平之神，是他保
存了三苗部落。

【译文】　大舜率军准备灭掉三苗（蚩尤部族），相约进行结盟。舜假意推
举善卷为天下盟主，实际想杀掉他。善卷识破其真实意图，率
族群退到武陵山区（今湘西地区），停止战争，教育百姓休息滋
养，使之生生不息。

海内经

韩流

【经文】　流沙之东，黑水之西，有朝云之国，司彘之国。黄帝妻雷祖，生昌意。昌意降处若水，生韩流。韩流擢首、谨耳、人面、豕喙、麟身、渠股、豚止，取淖子曰阿女，生帝颛顼。

【注释】　韩流：黄帝之孙。王红旗《经典图读山海经》言韩流"擢首"，擢字意为抽拔耸起，擢首当指拉伸头颅使其变长。"谨耳"当指对耳朵的人工装饰和造型，其状如猪耳。

【译文】　在流沙的东面，黑水的西面，有个国家叫朝云国和司彘国。黄帝的妻子是雷祖，生下了昌意。昌意被遣降于若水，生下了韩流。韩流长着长长的脑袋，小耳朵，脸面像人，嘴巴像猪，全身有麟，两条腿并在一起，脚像猪蹄。韩流娶了淖子氏的阿女，生下了帝颛顼。

柏高

【经文】　华山青水之东，有山名曰肇山。有人名曰柏（子）高，柏（子）高上下于此，至于天。

【注释】　柏高：古之巫医。关于其有两种说法，一说是黄帝之臣，一说是尧帝之臣。郭璞注："柏子高，仙者也。"《庄子·天地篇》云："尧治天下……柏成子高辞为诸侯而耕。"《史记·封禅书》说："神仙之属有羡门子高，是一人否？"郭璞注《穆天子传》卷一云："古伯字多从木，然则柏高即伯高矣。"

【译文】　在华山和青水之东，有座山名叫肇山，山上有个仙人叫柏子高，柏子高便是在这座山，登天下地。

蝡蛇

【经文】　有灵山，有赤蛇在木上，名曰蝡蛇，木食。

【注释】　蝡（ruǎn）蛇：《说文·虫部》："蝡，动也。"郭璞注："言不食禽兽也，音若蒬弱之蒬。"郭郭注赤蛇，如赤链蛇等，可上树捕食小动物，毒性较小，分布于四川等地。愚意以为蝡蛇木食，不是吃木头之意，而是"伏木而食"之意。蛇身之皮色与木枝相似，蛇可长时间静止不动，很多飞鸟，误以为是枝头，就栖息在其蛇身上，很容易被蛇所捕食。

【译文】　有座灵山，树上有一种红色的蛇，名叫蝡蛇它不食禽兽，专以草木为食物。

鸟民

【经文】 有盐长之国，有人焉，鸟首，名曰鸟氏（民）。

【注释】 鸟氏：郭璞注："今佛书中有此人，即鸟夷也。"王念孙注《书钞·地部》两引鸟民，下有"四蛇相缭"四字。郝注："鸟氏，《御览》引作鸟民，今本氏字讹也。鸟夷者，《史记·夏本纪》及《汉书·地理志》并云'鸟夷皮服。'《大戴礼·五帝德篇》云：'东有鸟夷'，是也。又《秦本纪》云：'大费生二人，一曰大廉，实鸟俗氏。'索引云：'以仲衍鸟身人言，故为鸟俗氏。'亦斯类也。"《山海经注证》注此为鸟图腾。称鸟氏或鸟民，与蜀地杜宇族有一定关系。

【译文】 有个国叫盐长国，有种人长着鸟的脑袋，人称他们为鸟民。

黑蛇

【经文】　又有朱卷之国，有黑蛇，青首，食象。

【注释】　朱卷国：王红旗《图读经典山海经》："朱卷"疑当作"唇卷"，亦即下文赣巨人之国。《山海经注证》："朱卷之国。""朱卷"有红而弯曲之意。朱卷为丹朱族分支，疑为红苗先祖黑蛇。郭璞注："巴蛇也。"郭郭注此为巴地龙蛇图腾。愚意以为能吞食大象的蛇为水蟒，大象常入河吸水洗澡浪泥，特别是幼象，容易遭受水蟒的袭击，水蟒将幼象卷入深水区，缠紧使其窒息然后吞噬。

【译文】　有个朱卷国，产有一种黑色的蛇，头是青色的，能吞象。

黑人

【经文】 又有黑人，虎首鸟足，两手持蛇，方啗之。

【注释】 黑人：指古代皮肤呈黑色的民族。王红旗《图读经典山海经》注："黑人为非州人，唐代称为昆仑或昆仑奴。《旧唐书·林邑国志》云：'自林邑以南，皆卷发黑身，通号昆仑。'此黑人疑为尼格利陀人，又称矮黑人。其人种卷发黑身。"愚意以为此经所载黑人，应为亚裔肤黑族群。当今中国佤族人的皮肤是呈黑色，或以涂黑纹为美。本经所描述黑人"虎首"，应为黑色人头戴虎形面具，"鸟足"为纹有鸟形纹饰的叉脚，当为巫觋扮装形象。

【译文】 有种黑人脑袋像虎，长有一双鸟足，两手拿着一条蛇，正要吃掉它。

嬴民

【经文】 有嬴民，鸟足。有封豕。

【注释】 嬴民：即摇民，舜的后裔，秦人的先祖。嬴民人面鸟足，与该古代部落的鸟信仰有关。《大荒东经》记载，有易君主杀了王亥，抢了他的牛，殷人的国君上甲微出兵灭了有易族，有易族残部得到河伯帮助，变成绘有鸟足的民族，这就是摇民或称嬴民，成为秦人的祖先。传说摇民是舜的后代。《大荒东经》说："帝舜生戏，戏生摇民。"《史记·秦本纪》曰："孟戏，鸟身人言。"

【译文】 有个嬴姓国，那里的人脚像鸟足一样，还出一种名叫封豕的大野猪。

544

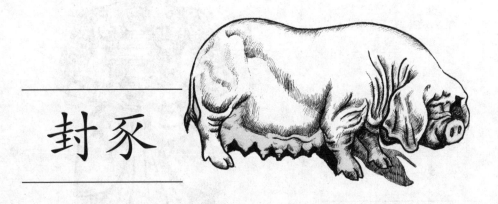

封豕

【经文】 有赢民，鸟足。有封豕。

【注释】 封豕（shǐ）：即大豕、封豨。野猪是古时候的凶猛害兽。《淮南子·本经篇》说尧之时，封豨修蛇皆为民害，尧乃使羿，擒封豨于桑林。高诱注："封豨，大豕也。楚人谓豕为豨也。"郭璞《图赞》："有物贪婪，号曰封豕，荐食无厌，肆其残毁。羿乃饮羽，献帝效技。"封豕也可比喻为贪暴者。《左传·昭公二十八年》曰："[伯封]实有豕心，贪惏无厌，忿颣无期，谓之封豕。"《文选·扬雄·长扬赋》："昔有强秦，封豕其土，窦窳其民。"李善注引李奇曰："以喻秦贪婪，残食其人也。"封豕在古代也是星宿奎宿的别名。《史记·天官书》："奎曰封豕，为沟渎。"

【译文】 有个赢姓国，那里的人脚像鸟足一样，还出一种名叫封豕的大野猪。

延维

【经文】 有人曰苗民。有神焉，人首蛇身，长如辕，左右有首，衣紫衣，冠旃①冠，名曰延维②，人主得而飨食之，伯天下。

【注释】 ①旃（zhān）；②延维：延维为三苗族首领，"三"在巫词中为大意，就是大苗族之意。郭璞注："延维委蛇。"闻一多《伏羲考》谓延维、委蛇即汉画像中伏羲、女娲，乃南方民族之祖神。"人首"为人的脑袋并戴有面具，"蛇身"是以一种有蛇形图案的纹身，"长如辕"言为身体矮小，"左右有首"意为在面具两边也有两个面具图雕。

【译文】 有种人叫苗民，苗民国有个神，长着人的头，蛇的身子，个长如车辕，左右各长一个头，穿紫衣，戴红色高羊皮毡毛帽，名叫延维，英雄得到并吃了他便可以称霸天下。

菌狗

【经文】 又有青兽如菟①，名曰菌②狗。有翠鸟。有孔鸟。

【注释】 ①菟（tú）；②菌（jùn）。菌狗，郭璞注："音如朝菌之菌"。毕注："菌，旧本作菌，今据藏经本。"郝注："菌盖古菌字，其上从中，即古文艸字也，如芬、薰之字，今皆从草……菌狗者。"《周书·王会篇》载《伊尹四方令》云："正南以菌鹤、短狗为献，疑即此物也"。

【译文】 有种像兔子一样的青兽，名菌狗。这里还有翠鸟，孔鸟。

孔鸟

【经文】　又有青兽如菟，名曰䝙狗。有翠鸟。有孔鸟。

【注释】　孔鸟：郭璞注："孔雀也。"郝注《王会篇》云："方人以孔鸟。"刘逵注《蜀都赋》云："孔雀特出永昌南涪县……朱崖、交趾皆有之。"《中国古代动物学史·山海经》注孔鸟为孔雀。

【译文】　有种像兔子一样的青兽，名䝙狗。这里还有翠鸟，孔鸟。

翳鸟

【经文】　北海之内，有蛇山，蛇水出焉，东入于海，有五采之鸟，飞蔽一乡，名翳鸟。

【注释】　翳（yì）鸟：郭璞注："凤属也。"《离骚》曰："驷玉虬而乘翳。"郝注《广雅》云："翳鸟，鸾鸟，凤皇属也。"今《离骚》翳作鹥，王逸注云："凤皇别名也。"《史记·司马相如传》张揖注及《文选·思玄赋》、《后汉书·张衡传》引此经并作翳鸟。

【译文】　在北海之内，有座山名叫蛇山，蛇水就从那里发源，向东流入大海。有种五采鸟，它们成群飞上蓝天，就可以遮蔽住一座村庄。

相顾尸

【经文】　北海之内，有反缚盗械、带戈常倍之佐，名曰相顾之尸。

【注释】　相顾之尸："郭璞注亦贰负臣、危之类。"袁注刘秀《上〈山海经表〉》
亦称贰负之臣。"反缚盗械"，已见《海内经》危与贰负节注："徐注贰
负与危相顾而立细形"。郭郭注可能是"反缚盗械"人与"带戈常倍之
佐"相顾而立的尸体。逃犯，流亡地可能是秦代长城外（今蒙古境内）
的情形。《山海经图》图形为一人，亦为二人或多人。

【译文】　在北海的里面，有个被反捆双手、身戴刑具的人，身后还佩带
一把戈，名叫相顾尸。

氐羌

【经文】 伯夷父生西岳，西岳生先龙，先龙是始生氐羌，氐羌乞姓。

【注释】 氐羌：《诗·商颂·殷武》："自彼氐羌，莫敢不来享，莫敢不来王。"
孔颖达疏："氐羌之种，汉世仍存，其居在秦陇之西。"《荀子·大略》：
"氐羌之虏也，不忧其系垒也，而忧其不焚也。"杨倞注："垒读累，氐
羌之俗死则焚其尸。今不忧虏获，而忧其不焚，是愚也。"

【译文】 伯夷父的后代名叫西岳，西岳生了先龙，先龙的后裔名叫氐羌，
氐羌姓乞。

【经文】   北海之内，有山，名曰幽都之山，黑水出焉。其上有玄鸟、玄
蛇、玄豹、玄虎，玄狐蓬尾。

【注释】   玄豹：黑色的豹子。《中次十一经》云："即谷之山，多玄豹。"

【译文】   在北海的里面，有座山名叫幽都山，黑水就是从山中发源。山
上有黑鸟、黑蛇、黑豹、黑虎，这里还有尾毛蓬松的黑狐。

玄虎

【经文】 北海之内，有山，名曰幽都之山，黑水出焉。其上有玄鸟、玄蛇、玄豹、玄虎，玄狐蓬尾。

【注释】 玄虎：郭璞注："黑虎名虎䝙。"详见《尔雅·释兽》。

【译文】 在北海的里面，有座山名叫幽都山，黑水就是从山中发源。山上有黑鸟、黑蛇、黑豹、黑虎，这里还有尾毛蓬松的黑狐。

玄狐

【经文】　北海之内，有山，名曰幽都之山，黑水出焉。其上有玄鸟、玄
蛇、玄豹、玄虎，玄狐蓬尾。

【注释】　玄狐：黑狐。玄狐蓬毛，郭璞注："蓬，丛也。"《说苑》曰："蓬狐文
豹之皮。"《诗·小雅·何草不黄》云："有芃者狐。"盖言狐尾蓬蓬然
大，依字当为蓬。"

【译文】　在北海的里面，有座山名叫幽都山，黑水就是从山中发源，山
上有黑鸟、黑蛇、黑豹、黑虎，这里还有尾毛蓬松的黑狐。

玄丘民

【经文】　有大玄之山。有玄丘之民。

【注释】　玄丘民：郭璞注："言丘上人物尽黑也。"郝注："人物尽黑，疑在本经中，今脱去之。"《水经·温水注》云："林邑国人以黑为美，所谓玄国，亦斯类也"。《山海经注证》认为中国东北地带日照时期长，故体色稍带黑玄色，如同玄夷有关，可能是鸟图腾族的先民。大连、长春均有大黑山，黑丘即黑山。

【译文】　有座大山名叫大玄山。生活在这里是玄丘民族。

赤胫民

【经文】　有大幽之国。有赤胫之民。

【注释】　赤胫民：郭璞注："膝已下为正赤色。"马注："赤狄。"郭郳注可能是赤狄。养羊族之人，爱以红色为衣服颜色。

【译文】　附近有个大幽国。大幽国的人膝下小腿是红色的，名叫赤胫民。

556

钉灵国

【经文】 有钉灵之国，其民从膝以下有毛，马蹄善走。

【注释】 钉灵国，《说文》作丁零，一作丁令。《通考》云："丁令国有二，在朔方北者为北丁零，在乌孙西者为西丁零。"《三国志·魏志·乌丸鲜卑东夷传》裴松之注引《魏略》云："乌孙长老言，北丁令有马胫国，其人声音似雁鹜，从膝以上身至头，人也；膝以下生毛，马胫马蹄，不骑马，而疾走于马，勇健敢战。"

【译文】 有个钉灵国，钉灵国的人膝盖以下长着很长的毛，所骑的马，四蹄奔跑如飞。

鲧

【经文】　黄帝生骆明，骆明生白马，白马是为鲧。

【注释】　鲧（gǔn），古书指一种大鱼。鲧，郭璞注："即禹父也。"《史记》曰："禹之父曰鲧。"《吕氏春秋通诠·审分览·君守篇》："昆吾作陶，夏鲧作城。"

【译文】　黄帝之子名叫骆明，骆明的后代叫白马，白马就是鲧。

番禺

【经文】 帝俊生禺号，禺号生淫梁，淫梁生番禺，是始为舟。

【注释】 番禺：番，古音（bō），现音（fān）勇武之意。番禺为帝俊重孙，为捕鱼氏族的首领（巫觋），对舟船进行了改良，增加风帆，使船的速度快了许多，番禺或为帆船制造的鼻祖。番禺为东夷族的一支，今广东以番禺名为地名。秦始皇三十三年（公元前214年）设置古县，番禺是南海郡首县，并为郡治所在地。

【译文】 帝俊生下禺号，禺号的后代为淫梁，淫梁生下了番禺，番禺是船舶制造的鼻祖。

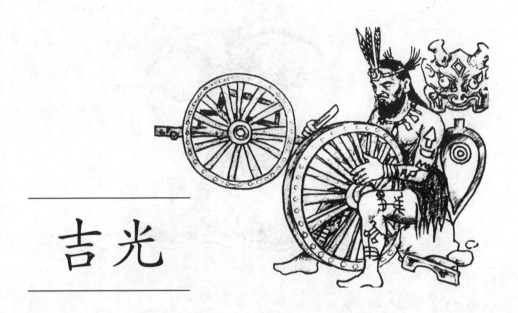

吉光

【经文】　番禺生奚仲，奚仲生吉光，吉光是始以木为车。

【注释】　吉光：吉光乃奚仲之子。郭郛注，《世本》云："奚仲作车，此言吉光。"明其父子创作意，奚仲吉光父子一起创造木制车辆。郝注《说文》云："车，夏后氏奚仲所造。"袁注《管子·形势解篇》云："奚仲之为车器也，方圆曲直，皆中规钜钩绳，故机旋相得，用之牢利，成器坚固。"《元和郡县图志》卷9云："奚公山在（滕县）东南六十六里，奚仲初造车于此。"滕县属今山东省。吉光和父亲奚仲，为造车鼻祖，是奚姓、任姓、薛姓的祖先，也是古薛国祖先。奚仲、吉光父子因造车有功，被夏王禹封为"车正"，过世后被百姓追认为"车神"。

【译文】　番禺的后代为奚仲，奚仲生下了吉光，吉光是木制车辆的鼻祖。

般

【经文】 少皞生般，般是始为弓矢。

【注释】 般：《说文》："般：辟也，象舟之旋，从舟；从殳，所以旋也。舟殳，古文般从支。"《玉篇》："般，大船也。""般是始为弓矢"，证明其改良弓矢。愚意以为般为少昊渔猎部族，疑为用蚌壳制作射鱼箭头。《世本》云："牟夷作矢，挥作弓。"

【译文】 少皞有个孩子叫般，般创制了弓箭。

叔均

【经文】　稷之孙曰叔均，始作牛耕。大比赤阴，是始为国。

【注释】　叔均：郝注："大荒西经云：'稷之弟曰台玺生叔均，是叔均乃后稷之犹子'，与此复不同。"袁注："义均、叔均，在此又为二人，均神话之歧变也。"《大荒西经》云："帝俊生后稷。"神话上为帝俊之子，历史上复为帝喾之子。关于牛耕就是用牛犁田，叔均发明石犁，用于翻田播种。叔均既是部族首领，又是巫觋，发明耕地之犁，提高耕作效率，此乃巫觋之责。

【译文】　后稷的孙子名叫叔均，从他开始用牛耕田地。大比（巫觋号）赤阴，受封管理国家。

山海经图译

后记

张华

　　"躬阅典章知世道，伏研册籍悟真经。"笔者由于喜爱历史的缘故，对《山海经》产生了浓厚的兴趣，并完成了《山海经图译》全本的图译工作。

　　《五藏山经》乃《山海经》中的一部分，笔者认为《山经》是描写上古社会及自然状态最规范、最完整的一部经文，且词句规整，整个篇幅占《山海经》的三分之二以上。五藏山经图译中的297幅图，较为完整的刻画了神怪畏兽的真实原型。这对广大读者研究和了解上古社会的生物、地理、气候、医学等具有较大的学术参考价值。

　　完成山经部分的绘图和写作工作后，我又历经数年辛勤笔耕，终于又完成《山海经》中海荒经图译，姑且不论文字功夫如何，就绘图数量而言已创历史新高，达五百余幅。此前明清所绘《山海经》图最多达313幅。我绘经图与古图不同，完全颠覆古图依文而形的模式，尽可能站在巫觋视角绘图。

　　我认同《山海经》就是一部巫书，如果不用巫觋的视角看《山海经》是很难看懂的。特别对经文中的神怪畏兽、奇人怪鸟的描写，我们要用科学的方法去审视它。我认为巫觋在上古时期不仅是部族首领，还是植物学家、天文学家、医疗专家、历史学家、发明家、农业专家、军事家、数学家、思想家、占卜家等方面的集合体，可称得上是高贤大德，在族民中享有崇高的威望。三皇五帝均是大巫。巫有方向之祭、止风之祭、止雨之祭、毒蛊、医药、房中等多项职责。我们可从《山海经》的条目中，去分析理解巫觋的历史作用和历史真相。

　　总之，《山海经》的内容包罗万象，是一部研究上古社会的百科全书。《山海经图译》的完成只是在《山海经》研究上告一段落，我将在山海经的研究上再接再厉。由于作者能力有限，有不尽人意的地方希望读者海涵和指正。

在撰写《山海经图译》一书过程中，我得到中国科学院郭郛研究员、中国社会科学院马昌仪研究员、武汉大学博导罗运环教授、湖北省考古研究所王善才研究员、福建师范大学福清分校胡远鹏教授、华中科技大学张良皋教授、华中师范大学黄建中教授、景才瑞教授、湖北省图书馆阳海清研究员、武汉图书馆原馆长李皓先生的指教和肯定，北京的中科院郭郛教授。在此特别感谢的是湖北省图书馆阳海清先生，他以严谨的治学作风为拙著审稿，并提出大量宝贵的意见，极其认真的写出了数万字的《阅稿随记》，使得拙著趋于规范、严谨。湖南城市学院张步天先生、北京王红旗先生、湖北省图书馆研究员阳海清先生的大力支持和帮助，一并鞠躬感谢！武汉方志馆王汗吾先生通读全稿并专门校对古籍引文，特致谢忱。

湖北省社会科学院常务副院长刘玉堂先生、湖北省社会科学院楚学所所长张硕先生、江汉大学汉口校区原主任桂小芹、江汉大学原组织部长王治俊、武汉市审计局柯有明处长、《湖北社会科学》杂志社邓年副总编、武汉恒创广告公司总经理邱枫女士等非常关心拙著的出版，并给予各种帮助。在笔者查阅资料时，湖北省图书馆、武汉图书馆的部分员工也给予了极大的支持。在此一并表示感谢！

张　华

2018 年 10 月

参考文献举要

山海经图译

中国《山海经》学术研讨会编辑《山海经新探》，四川省社会科学院出版社，1986 年 1 月。

王善才主编《〈山海经〉与中华文化》，湖北人民出版社，1999 年。

徐显之著《山海经探原》，武汉出版社，1991 年。

李约瑟、郭郛著《中国古代动物学史》，科学出版社，1999 年。

李海霞著《汉语动物命名研究》，巴蜀出版社，2002 年

王红旗、孙晓琴绘著《经典图读〈山海经〉》。上海辞书出版社，2003 年 6 月袁珂校注《山海经校注》。巴蜀出版社，1996 年。

（明）刘景韩、（明）赵展如鉴定，（清）汪双池绘图《山海经存》。杭州出版社，1984 年。

沈从文编著《中国古代服饰研究》，上海书店出版社。

中国野生动物保护协会编《中国两栖动物图鉴》，河南科技出版社，1999 年。

马昌仪著《古本山海经图说》，山东画报出版社，2001 年。

国家文物局主编《中国重要考古发现》，文物出版社，2001 年。

华中师范大学编《动物学》，高等教育出版社，1983 年。

伍汉霖主编《中国有毒及药用鱼类新志》，农业出版社，2002 年。

胡世平编《汉英拉·动植物名称》，商务印书馆，2003 年。

《古本山海经图说》，马昌仪著，山东画报出版社，2001 年。

《中国方术续考》，李零著，东方出版社，2000 年。

《山海经探原》，徐显之著，武汉出版社，1991 年。

《失落的天书》，刘宗迪，商务印书馆。2006 年。

《中国南方名族史》，王文光，民族出版社，1999 年。

《甲骨文与殷商人祭》，王平、顾彬著，大象出版社，2007 年。

《山海经时日谈》，王红旗，上海辞书出版社，2012 年。

《中国古代北方民族文化史》，张碧波，黄国尧编，黑龙江人民出版社，2001 年。

《十堰方国考》，康安宇著，湖北人民出版社，2006 年。

《山海经注释》，郭郛著，中国社会科学出版社，2004 年。

《中国的匈奴》，杨献平著，花城出版社，2010 年。

《中华文明史先秦卷》，吕涛．河北：河北教育出版社，1992

图书在版编目（CIP）数据

山海经图译 / 张华绘译 . -- 武汉：崇文书局，
2019.8
ISBN 978-7-5403-4372-9

Ⅰ.①山… Ⅱ.①张… Ⅲ.①历史地理 - 中国 - 古
代 ②《山海经》- 图解 Ⅳ.① K928.631-64

中国版本图书馆 CIP 数据核字 (2019) 第 139270 号

责任编辑	刘　丹　哈亭羽
出版发行	〰崇文書局
业务电话	027-87679712
印　　刷	武汉科源印刷设计有限公司
经　　销	新华书店湖北发行所经销
版　　次	2019 年 8 月第 1 版第 1 次印刷
开　　本	710*1000　1/16
字　　数	350 千字
印　　张	37.5
定　　价	88.00 元